「AI失業」前夜、これから5年、我が身に起きること……

"AI失业"时代
生存指南

未来5年在职场会发生什么

［日］铃木贵博 著

李力丰 译

SPM 南方出版传媒 广东人民出版社
· 广州 ·

图书在版编目（CIP）数据

"AI失业"时代生存指南：未来5年在职场会发生什么 ／（日）铃木贵博著；李力丰译. — 广州：广东人民出版社，2019.8
ISBN 978-7-218-13667-7

Ⅰ. ①A… Ⅱ. ①铃… ②李… Ⅲ. ①人工智能－影响－劳动就业－研究 Ⅳ. ①F241.4

中国版本图书馆CIP数据核字(2019)第128418号

"AI SHITSUGYO" ZEN-YA-KOREKARA 5-NEN，SHOKUBA DE OKIRUKOTO
Copyright ©2018 by Takahiro SUZUKI
First original Japanese edition published by PHP Institute Inc. Japan.
Simplified Chinese translation rights arranged with PHP Institute Inc. through Rightol Media Limited

"AI SHIYE" SHIDAI SHENGCUN ZHINAN：WEILAI 5 NIAN ZAI ZHICHANG HUI FASHENG SHENME

"AI失业"时代生存指南：未来5年在职场会发生什么

[日] 铃木贵博 著 李力丰 译　　　　　版权所有　翻印必究
出 版 人：肖风华

责任编辑：郑　薇　赵瑞艳　李丹红
责任技编：周　杰　吴彦斌

出版发行：广东人民出版社
地　　址：广州市海珠区新港西路204号2号楼（邮政编码：510300）
电　　话：（020）85716809（总编室）
传　　真：（020）85716872
网　　址：http://www.gdpph.com
印　　刷：广东信源彩色印务有限公司
开　　本：889毫米×1194毫米　1/32
印　　张：7.25　　字　数：98千
版　　次：2019年8月第1版　2019年8月第1次印刷
定　　价：49.00元

如发现印装质量问题，影响阅读，请与出版社（020-85716849）联系调换。
售书热线：（020）85716826

"'AI失业'是个什么鬼东西？！"

在听到我说出人工智能的推进必将造成人类大批工作岗位消失时，相信很多商务人士的脑海里都会闪过这样的念头。

人工智能将会给经济带来怎样的影响？对此，全社会都给予了很高的关注。目前，由于从社会学、经济学角度进行这项研究的学者还相对较少，笔者有幸受邀到各地，为到场的人们讲解人工智能可能带来的经济前景。

尽管听讲时大家对内容兴致盎然，但当探讨完人工智能的话题，换个地方几个人一起闲聊时，总有些企业的经营者语重心长地提醒我：

"可是，目前的问题，应该说还是劳动力缺口太大呀！"

也有人冒出这样一句：

"要是真能依靠人工智能淘汰一批岗位，使劳动力过剩，我们就不愁人手啦。可惜，那样的好日子，目前还八字没一撇啊！"

接着，便是一阵哄堂大笑。

说什么人工智能即将改变世界，还太过遥远。摆在经营者面前的现实课题，更多的是如何在少子老龄化的社会背景下，顶住通缩的压力，力求经济的增长。这些问题才是经营方面正面临的难题——大多数商务人士都抱有这样的看法。

然而事实上，现代社会所面临的诸多问题与人工智能之间，有着割不断的关系。

为什么贫富的差距在不断扩大？

为什么越来越多的公司热衷于聘用非正式员工（非正规雇佣）？

为什么越是呼吁改革工作方式，我们的职场越是变得忙碌？

为什么只见生产力提高，不见收入增加？

为什么都说业已形成新的阶级社会，底层人群还在不断增加？

这些社会问题、经济问题都与我们眼前的劳动、薪资等息息相关。而问题背后的源头，正是人工智能。越是从经济层面研究人工智能，越能看清其深层的结构。

人工智能导致工作岗位消失，并非出现在未来，而是早在30年

前就开始了。并且正以现在进行时的趋势，一路高歌猛进。

　　同时，还有一点也相当重要：因少子老龄化社会特有的人口结构导致的劳动力短缺问题，并不能通过因人工智能导致的岗位消失及"AI失业"得到解决。相反，两种因素盘根错节在一起，更容易造成社会的混乱。

　　有消息宣布，大型银行在未来十年将有成千上万的员工失去工作岗位。究其原因，通过金融科技与人工智能实现了

> 　　因少子老龄化社会特有的人口结构导致的劳动力短缺问题，并不能通过因人工智能导致的岗位消失及"AI 失业"得到解决。相反，两种因素盘根错节在一起，更容易造成社会的混乱。

办公自动化以后，将很难有柜员们的一席之地了。

　　劳动力在旧的市场失去了岗位，自然会向新的市场岗位流动。然而，这一流动如果是均衡的，当然没有问题，可事实是：即使银行柜员们失业，也不可能为人手奇缺的养老护理一线或物流一线增加劳动力。

　　诸如白领工作、中老年人士的脑力劳动必将被人工智能取而代之。与之相对的，却是急需年轻劳动力的蓝领工作将始终无法招齐人手。之所以会出现这一格局，正是因为面临消失的工作岗位与人手紧缺的工作岗位之间处于严重的失衡状态。

　　在本书前半部分，首先将阐明人工智能在劳动力市场可能引起的种种问题。为什么我们一直努力工作，生活却不能变得更好？

为什么改革工作方式会成为一个被普遍热议的社会问题？笔者将围绕人工智能这一核心阐明这些问题的结构。

> 诸如白领工作、中老年人士的脑力劳动必将被人工智能取而代之。与之相对的，却是急需年轻劳动力的蓝领工作将始终无法招齐人手。

本书后半部分主要论述今后我们的社会将发生怎样的变化。

这后半部分内容，其实是笔者在上一本书《工作岗位消失：要在AI时代生存下去，我们眼下能做些什么》里对目前到2045年间的整个论述内容的修订版。

上一本书主要基于"以经济为切入点，预测人工智能将带来的人类前景"这一观点论述，并将观察的结果归纳入书，但也由此产生了一个问题：读者的注意力似乎被吸引到了那些20年后才会发生的巨变上。

这一问题也是与本书开篇提到的经营者们有关联的。许多读者都认为，"AI失业"的情况20年后才会出现。

实则不然。"AI失业"眼下已经发生，它是摆在我们眼前的，是如今的社会问题。

因此，我将本书时间轴设为：从过去到现在，再到未来五年后，最多到十年后。将考察的焦点集中在人工智能将引起怎样的社会变化上。

再重申一次，本书后半部分内容将着重预测未来的社会前景。其主要时间轴为未来5～10年后。

短短五年，应该不会发生太大的变化吧？

有人也许会这样想。

然而，雷诺日产联盟目前已提出目标，到2022年就要推出L5级别的自动驾驶汽车了。这还仅仅是三年后的计划而已。

各位也知道，只要五年时间，即使是那些与玩具不相上下的IT机器也可能发生日新月异的巨变。1995年，卡西欧曾上市过一款人气产品——最早的商用数码相机。面市之初，它也一度被摄影界贬称为"玩具而已"，但仅仅五年后，数码相机就达到了200万像素，这也导致了胶卷相机正式进入衰退期。

人工智能掌握深度学习仅始于2012年。而五年之后的2017年，围棋界的世界冠军已无法与人工智能相匹敌。

那么，未来五年、十年之后，又将发生怎样的巨变？这也应是各位读者现在就要站在现实角度认真思考的问题。

而此刻，正处于"AI失业"来临的前夜。趁着我们还有时间，趁着我们还有机会改变自己的人生计划，让我们一起来关注一下"AI失业"将带来怎样的未来吧。

第一章 围绕在"AI 失业"周边的世界
工作岗位将以怎样的方式消失？

第四章 日本"按规聘用"的观念将走向末路
要"AI 失业",还是要 AI 落后国?

第五章 人工智能创造出的"便捷而又可怕"的未来
你的"选择"是怎样被控制的?

第六章　不再需要人手的职场，人手永远短缺的职场
　　　　职场和人生目标将会发生怎样的变化？

第七章　十年后仍可幸存的"三种人才"
　　　　　今后应怎样择业？

后　记　213

第一章

围绕在"AI失业"周边的世界

工作岗位将以怎样的方式消失？

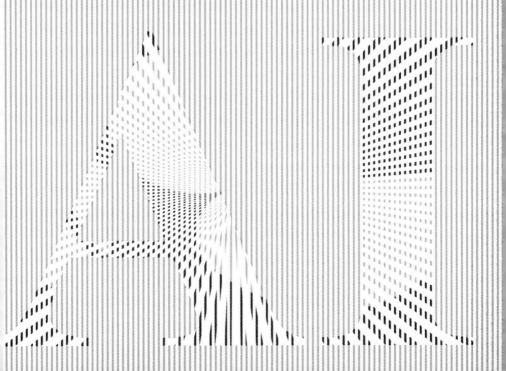

超级计算机"京"的意义

我们大脑处理计算的能力，是快于计算机，还是慢于计算机？对于这样一个基本问题，你知道答案吗？

关于人类的大脑，还存在着太多的未知。"意识产生于哪里？""思考与记忆的机制究竟是怎样的？"对于大脑这些基本构造，医学上能够给出解释的部分尚远远不足。

尽管如此，医学家们仍通过种种方式推测出了人脑的计算能力。

在雷·库兹韦尔所著的《奇点临近》一书中，就将人工智能超越全人类大脑的那一刻命名为"奇点"。根据该书的观点，若根据视网膜对人眼所见图像信息的处理速度来估算整个大脑的处理能力，可知大脑一秒钟所能达到的计算能力约为10^{14}次。

同时，有另一项研究也通过将小脑的构造推及整个大脑，得出大脑的计算能力为10^{15}次/秒这一结论。以上观点尚处于研究的初级阶段，雷·库兹韦尔则对大脑的性能做出了更为大胆的估算，推测其计算能力约为10^{16}/秒。

那么，再来谈谈令日本引以为傲的超级计算机"京"吧。这台超级计算机曾在日本政府行政改革会议上进行业务分类时备受质疑："我们难道就不能甘居第二吗？"因而导致项目经费被缩减100亿日元，项目的发展也面临危机。但经过相关人员的努力，它最终仍得以于2011年荣登超级计算机处理速度第一名的宝座。

"京"，日文发音为"KEI"。它是数字的单位，万、亿、兆[1]的再上一位即为京。"京"这一得名，也正是源于该台超级计算机一秒钟可以进行一京次的计算处理，"京"也是世界上首台达成这一目标的计算机。

看懂了吗？一秒钟一京次，即10^{16}次。也就是说，超级计算

---

1 以下按中文习惯统一译为"万亿"。——译者注

机"京"是历史上首台达到与人脑同等处理能力的计算机。也正
是自2011年起，世界上最快的电脑开始发挥出比人脑更为快速的
计算处理能力。

——◉ 深度学习的实现 ◉——

可话说回来，以上内容归根结底还仅止于硬件部分的发展。
摩托车近百年前行驶速度就已快于人类，蒸汽机的力量也早在19
世纪就超越人力，至于磨面粉的工作，使用风车更是要远快于人
手。若是单纯比较处理能力，这些显然都不必多说。

问题是，就在硬件性能追上人类的第二年，又出现了另一项
技术革命。2012年，谷歌开发出了全世界首个"能够通过自我学
习分辨出猫的人工智能"。

在此之前，人工智能必须由人类先给出定义——"猫是个
什么样的物体"，才能判断出该物体是否是猫。而这一次则不
然，谷歌只需从YouTube中抽出1000万张图片，并给出"这个是
猫""那个不是猫"的信息，人工智能就能独立分辨出哪些是
猫了。

　　这就是一种名为"深度学习"的新技术，它也是一项实现人工智能开发领域50年来重大突破的伟大创举。

　　事实上，那些如今已成为人工智能技术基石的发明、发现，也正是在这两年间，即2011年、2012年出现的，这两年也是人工智能的发展开始超越人类的一大转折点。即硬件在2011年、软件在2012年，开始获得等同于人脑的能力。

　　话题也许扯得有点远——只因曾于墨西哥鼎盛一时的玛雅文明历法恰好到2012年终结，2012世界末日之说也一度大行其道。当时，大量相关书籍纷纷面世，甚至名为《2012》的好莱坞电影也取得了不俗的票房。然而，毫无疑问的是，2012年并未出现人类灭亡的情形。

　　而据玛雅历法研究者称，历法中也全未提及人类终结的内容，而只是预言了到2012年以前的大时代将终结，历法进入新的时代。可是，与玛雅历法的预言极为巧合的是，正是以2012年为转折点，一个人类未知的时代——人工智能超越人类的时代开始了。

──◦ 何谓"AI 失业"？ ◦──

　　现实中，似乎正是以2012年为分界，人类未来的年表开始出现了巨大的变化。也是从这一年起，全世界的研究者们纷纷开始预测人工智能的发展将给我们社会环境带来怎样的变化。

　　紧接着，牛津大学迈克尔·A·奥斯本副教授等人发表的论文带给了全世界巨大的震撼。这篇论文的观点是：**按照目前的趋势发展下去，20年后，人类一半的工作都将被人工智能或是机器取代，从而出现岗位消失的现象。**

　　奥斯本副教授在研究了702种占劳动人口比例较高的工作岗位之后，还推算出了这些岗位被人工智能取代的比例有多大。换算到英国的劳动人口，

> 按照目前的趋势发展下去，20年后，人类一半的工作都将被人工智能或是机器取代，从而出现岗位消失的现象。

将会消失的岗位大概占全部岗位的47%。而之后野村综合研究所参与的联合研究表明，如果换算到日本的劳动人口，将消失的岗位大概会占到全部岗位的49%。

　　那些改变世界的大人物们一年一度地在瑞士的高级休养地举行达沃斯论坛（即世界经济论坛），据说在这一国际知名的论坛

中，AI始终作为一项最热门的话题被与会者们频繁讨论。2016年年初，该论坛还发布了模拟实验的具体结果。根据报告内容显示，全球15个发达国家和地区，在未来五年间将会有510万人因人工智能而失去工作岗位。

这项模拟实验所推算出的失业规模自不必说，它也从更深的层面震撼到了与会者。准确来讲，未来五年间消失的岗位数将会达到710万个。而同时，随着人工智能的发展，也会诞生出新的岗位，其规模约为200万个。前面提到的数字510万，正是这二者间的差额。但问题是，即将消失的岗位规模实在太过庞大了。

以往的资本主义认为，只要通过技术革命提高生产力便是好事。产业革命发生之后，从前的纺织工人都被机器所取代，但由于纺织工业大大提高了生产力，因而通过技术革命诞生了新的工作岗位。尽管局部发生失业，整体上经济是发展的，新诞生的工作岗位还可以将失业人员吸收进去。

而这样一种关于技术革命的定论开始遭到质疑，是在20世纪末互联网出现之际。由于互联网对现有产业的规则破坏规模过大，给产业带来的负面影响也过高，受到了全社会的警惕。

当时，人们围绕互联网产生了讨论，是否需要来一场像200

年前那样打碎机器的新路德派运动？

但从结果来看，还是值得肯定的：通过互联网，美国经济实现了近乎一家独大的发展，互联网革命也催生了新的就业机会。

然而另一方面，美国社会所产生的贫富差距也被普遍认为是互联网造成的。从全球来看，互联网赢家——中国和美国的经济都获得了巨大的发展，而日本经济跌至弱小国家的水准。事实上，日本国内那些与互联网相关的商机，也普遍被亚马逊、谷歌、推特、脸书、Instagram（照片墙）等美国的服务大量吸走了财富。

即使在美国本土，也仅仅是加利福尼亚州与东海岸的纽约、波士顿等区域独占风光，而人称"最后地带"的中西部到东北部区域却到处都是失业人员。正是在这种对贫富差距日益不满的背景的推动下，才有了唐纳德·特朗普总统的上台。在特朗普的支持者中，普遍存在着这样一种质疑：通过技术革命形成的产业进化，未必有利于经济整体。

这些人认为，以往"革新的速度越快、越频繁，越能增加就业机会"这一旧的理论有可能已无法实现。而达沃斯会议的报告也提醒人们，一旦人工智能时代来临，这一点就有可能形成真正的问题。

◉━━━ 岗位消失的现象将首先始于专业领域 ━━━◉

人工智能将以怎样的形式夺去人类的工作岗位？首先，我们要标出这一过程中几个较大的里程碑。正如本章后半部分所要讲的，实际上由于另一项制约条件，具体岗位的消失时间因岗位而不同，里程碑也将存在若干前后差异。第四章还会做出详尽的解释：这些工作岗位的消失未必与大量的"AI失业"有直接关联。因为通常国家都会出台一些失业的对策。

可是，我们仍有必要了解一下，究竟将出现怎样的使我们难以抗衡的时代大潮？

首先，要标出一个大的里程碑。那就是，未来十年间专业人士的工作岗位将逐步消失。因为从 2012 年开始深度学习的人工智能，正是属于专业型的人工智能。

首先，要标出一个大的里程碑。那就是，未来十年间专业人士的工作岗位将逐步消失。因为从2012年开始深度学习的人工智能，正是属于专业型的人工智能。

想必许多人还对这样一则新闻记忆犹新：2015年，由谷歌开发的阿尔法狗打败了人类最顶尖的职业棋手。在围棋这种封闭的规则中，以之为专业来学习比赛策略正是人工智能的最强项。

那么，阿尔法狗都做了些什么呢？它首先记住了围棋的基本规则，然后又学习了以往职业棋手比赛的几千张棋谱。尽管程度稍微复杂一些，但其实质与"通过学习分辨出猫"并无差别。只要把棋谱交给它，并告诉它过去是哪一方获胜，它就能以此为线索自行学习，找出究竟使用什么样的招数在围棋规则里最为有利，抑或最为不利。

毋庸置疑，人类棋手也是以同样的方式学习棋谱的，甚至同伴们还会在一起切磋交流大师级赛事的棋谱，从中产生出新的赛法和棋谱。

而在这里，人类所要面临的问题是，在学习同样的内容时，人工智能的学习速度要远远快于人类，到达的高度也远远高于人类。

最终结果是，阿尔法狗会在超越人类顶尖水平之后，反复与自己进行比赛。也因此，阿尔法狗才能贡献出此前人类完全无法想象的最高比赛纪录，并于2017年退出了围棋界。

当前正在开发的自动驾驶汽车上所使用的人工智能系统，也正是一种专业从事驾驶的人工智能。对于交通规则、车道的图像信息，以及来往的车辆、摩托车、自行车和步行者的移动等内容，人工智能全都要学习。

尽管目前自动驾驶汽车的测试车辆仍存在一些问题，还容易发生事故，但等到人工智能彻底掌握道路的行驶方法并达到最高水准时，就可以在驾驶领域内实现高于人类的安全驾驶了。原本易出事故就是由于人类多有粗心或好胜心等不完整的人格造成的。

这样，问题只要限于某个专业的领域内，人工智能就可以做到拥有超过人类的智能。而这一点，未来十年间也将在多个领域里一一实现。并且，专业人士的工作岗位将首先开始消失。

———◦ 知识型工作者获得高收入的历史将画上句号 ◦———

律师、医生、学者等从事专业领域工作的人，即是知识型工作者。知识型工作者们可以依靠渊博的专业知识、通过长年掌握的经验获得高于一般劳动者的收入。这其中也包括一部分供职于日本国立大学的学者等，他们虽身为高知人才，却甘守微薄的薪资。但从全世界来看，一流学者若能在一流大学里谋得一职，也就意味着可以获得高收入了。

可一旦在现有技术的基础上发展出更进一步的技术革命，这种知识型工作者的岗位就有可能由人工智能来完成了，尽管未必是全部。

譬如说，在律师行业里有个岗位叫作"Paralegal"，意为律师助理。做这项工作，要在筹备诉讼时进行一系列关于公审策略的筹备工作：查阅以往的诉讼记录，同时遴选出以往的判例或可作为诉讼论点的事项，以确定怎样开展本次诉讼更为有利。此外，还需要做一些确认合约的工作。在日本，合约内容通常写得较为模糊。最多在合约结尾处写上"本合约出现问题时，双方将本着诚意解决"等。这样的内容都是为了顺应日本文化的习惯，问题要等到发生之后再去解决。

因此，在日本这些工作并不需要请律师确认，一般来说，工作量也不大，由法务部门的负责人员大致看过后，指出需要修改之处即可。可是，同样的情况若是发生在美国那样的诉讼之国，工作量就完全不同了。

原本他们的合约就有数页、数十页甚至数百页，因此确认细节部分就显得至关重要。

我有一位朋友就曾在受知名并购基金之邀，被聘为一家全球规模的大企业高管时，遇到了这样一件事：该公司为管理层专门制定的聘用合同，乍一看毫无特别之处。按字面解读，条件写的是"如因公司原因解聘，公司将保证支付一年的薪水，并保证奖金及股份选择权"。这一点也是美国企业与高管签约时常有的条件。

但当他请律师确认这份基金方提供的合约时，却发现当中存在大量的陷阱。于是，朋友按照律师给出的建议，提出了大量修改条款，最终与基金方达成一致，得以顺利出任该公司的高管。

一年之后，CEO向基金方收购了公司的股份。这是一种叫作"管理层并购"的经营手段。基金方由公司的所有者变为了经营者，基金方带来的高管也全部被辞退。

此时，前面提到的合约问题便给各个被辞退的高管带来了完全不同的待遇。由于我这位朋友事先修改了合约，即使公司所有人变更，合约仍然产生效力，因此在离职时获得了总额相当于5000万日元的补偿。可是，他的同事之前直接在原合约上签了字。在原合约中，只有基金方为所有者期间，有关离职待遇的约定才能成立，而在基金方放弃了股权那一刻，同事与基金之间的聘用合同就失去了效力。最终他的同事几乎是被净身"出户"的。

朋友说，最初在请律师的时候，他还觉得数十万日元的花费过高，关于合约修改的一系列商谈过程也很麻烦，但这一切最终在一年之后为他带来了5000万日元的补偿，又使自己重新了解了美国这个所谓的合约之国的意义。

通常，这些筹备诉讼与确认合约的业务要由律师事务所里的年轻人来负责。这些工作既花时间又需要耐心。而这样的业务内容却是人工智能可以轻松胜任的。那些法律专业毕业的硕士、年轻的律师们要在20~30岁之间所做的这种工作，今后十年内就将逐渐消失。

再举一个同样将会消失的知识型工作岗位吧。在医疗行业，诊所医师和内科医师的工作将更容易被人工智能所取代。尤其是在接待那些"身体稍有不适，想看一下"的患者时，人工智能将更为合适。

你可以想象一下，那些诊所医师最典型的工作内容是什么。观察一下前来就诊的患者的脸色和状态，检查一下体温和心音，看一下咽喉部位。然后说一句"只是感冒加重了"或"应该是花粉症"等，就可以开出药方了。再或者，说一句"可能是诺如病毒"或"检查一下是否是流感",就可以让患者接受一些医院内部能进行的检查了。

如果还有其他病症的可能,还要做一下血液检查、心电图和B超等。对于大部分患者来说,这样就可以得出诊断结果了。最后还要开药,提醒患者注意饮食等。

另一部分患者也可能患有更加严重的病症,那就要开出介绍信,让患者转至大医院,请那里的专科医生诊断了。以上这一系列诊所医师的工作,其实完全可以由人工智能来替代完成。只要负责看护患者的护士在场,即使没有能够根据医学知识做出专业判断的医生,人工智能也同样可以发挥作用。

人工智能医生的优势,就在于它可以掌握医生在大学毕业后需要继续学习的、甚至人类根本无法掌握的大范围的论文和病例。而实际上,也的确有过这样的先例:患上仅有百分之一概率的疑难病症的人,在患病之初辗转了多家医院却无法查出是什么病症。而假如使用了人工智能,如此罕见的病症也可能在初期诊断阶段就被提出来探讨。

也就是说,根据病症不需要进行物理性手术的有关信息,以及在护士辅助下得到的血液检查、血压、心电图等信息,给出诊

断并开出药方——这一类工作内容非常适合专业型的人工智能。

今后，如果世界上某个地方的人工智能学者对这种某个专业领域的知识型工作岗位产生了兴趣，就有可能开发出取而代之的人工智能。并且通过数年时间的学习，迟早将诞生出这样的人工智能——它可以掌握超过人类水准的知识型工作。

那么，剩下的就是全世界用户复制这样的人工智能，或是只需通过互联网来使用它，而没有必要找专业人士了。若要具体给出这一里程碑的时间表，许多专业人士的工作岗位都将在未来十年内逐步被人工智能取代。

> 今后，如果世界上某个地方的人工智能学者对这种某个专业领域的知识型工作岗位产生了兴趣，就有可能开发出取而代之的人工智能。并且通过数年时间的学习，迟早将诞生出这样的人工智能——它可以掌握超过人类水准的知识型工作。

未来 20 年内，创造性的工作岗位也将逐渐消失

本书主要探讨的内容是关于未来十年内的近景，之后的变化并不在预测范围内。但仍需提前把握人工智能的推进究竟将如何大大改变我们的社会这一全景。也因此，我们需要大致了解一下

20年、30年后将会发生什么。

十年内专业领域的工作将被人工智能逐步取代。假如以这一时间点为第一大里程碑的话，第二大里程碑就是人工智能向广泛应用型拓展。

所谓广泛应用型人工智能，不仅包含某些特定的领域，也指可以与人类同样学习广泛领域知识的人工智能。从技术层面讲，自己能够独立思考应学习什么，获得这样一种自学能力正是下一阶段的技术开发目标。假如能够攻克这一难关，也就打开了进入广泛应用型人工智能的大门。

目前，人工智能尚不能实现这一突破。而能否发明出广泛应用型人工智能，也还是个未知数。悲观一些讲，广泛应用型人工智能也许永远都不可能诞生。

据专家称，只要使用目前的电脑技术，广泛应用型人工智能就不能算彻底实现。不使用神经元网络计算机，也就不可能实现朝向这一目标的发展。同时，专业型人工智能也需要实现其他层面的突破。因此，尚无法准确预测出当前的专业型人工智能在下一阶段将会发生什么。

事实上，过去也曾经兴起过人工智能热潮，但在吸引了大量资本市场投资以后，可以说我们几乎确定无疑会迎来"AI的寒冬时代"。一旦发现寄予厚望的技术没有开发出结果的可能，资本就会集体撤离。

回顾人工智能的开发历史，眼下应当属于第三次人工智能热了。20世纪50~60年代兴起的第一次人工智能热以1973年的石油危机宣告终结，业界也迎来了为期六年的寒冬时代。

接着，就是20世纪80年代以专家系统为中心的第二次人工智能热。而之后，就在日本泡沫经济崩溃的同时，开发者们也经历了同样为期六年的人工智能寒冬时代。

眼下，始于深度学习的专业型人工智能正在形成大热，研究也发展到了一定阶段。若今后发现有不能实现的部分，人工智能再次面临寒冬时代的概率也将相当高。

不过，以往的寒冬时代都仅有短短六年的时间，这也是不争的事实。若说到20年后的未来，即使中间经历第三次寒冬时代，那之后研究者们也应当会设法打破广泛应用型人工智能这一壁垒，这点预测想必应该也不会差得太远。

广泛应用型人工智能又可以做些什么呢？最重要的一项就是"全自动翻译"。以往我们也开发出了一些自动翻译的软件，可能有些人会说"你这话是马后炮"，但职业翻译所能完成的完美水准的自动翻译，不到那一时间点，还不可能彻底做到。

究其原因，到了那一阶段，人工智能才可能真正地掌握人类所说的语句的含义。

前面提到过，谷歌开发出的人工智能可以分辨出猫的图片。而目前的人工智能没有人教，还不可能知道自己分辨出的物体是"猫"。换言之，谷歌的人工智能不过是学习了边看图片，边进行"这是这个""那是那个"的操作，而并不知道人类把"这个"称为"猫"，在程序上也全无关注。

人工智能发展到广泛应用型之后，才能够自学人类所使用的语言体系。眼下虽说也存在着能听懂人类说话的人工智能，但那也仅是一种根据话语中的关键点按照程序检索出正确回答的装置而已。

因此，当我们向智能手机里附带的人工智能询问"今天的天气如何"，以及"你觉得我的天气如何"时，得到的回答是一样的。又或者，受其功能限制，目前对于后者只能回答"我不知道"。

广泛应用型人工智能就像个小孩子，它听着人类的语言成长起来，并终将完全理解人类语言的含义。当它能理解"天气"一词其实包含了"心情"的玩笑之意时，你再问它"我的天气如何"，就有可能得到"根据您目前的状况，我猜您说不定正在发火"之类的回答。

人工智能学会完全理解人类语言，并不是单纯将外语完整地现场翻译出来。

实际上最为重要的是，广泛应用型人工智能可以掌握与人类同等的沟通能力。那样一来，人类就无法仅凭听到的声音来判断对方究竟是人还是人工智能了。人工智能的沟通性能就是可以提升到那样的高度。

那样的话，这种人工智能就可以承担人类"晓之以情，动之以心"的领域的工作了。上司、经营者、领导、政治家这些被人们称为"目前无法被人工智能取代"的岗位，也有可能在广泛应用型人工智能出现后，比人类更胜一筹。

假设在未来10~20年间的某个时间点实现了广泛应用型人工智能。那么，从理论上讲，人类使用脑力进行的工作就很快都能通过人工智能来完成了。只不过，到了那一阶段，人工智能也并不拥有意识，而将出现虽不拥有意识，却能超越人类脑力劳动水准，可以完美处理工作的人工智能。

━━◉ 30 年后的里程碑——奇点 ◉━━

尽管预测的时间多少会有误差，但长期来看，工作的前景应当会按照前文给出的里程碑一步步发展下去。那么，接下来的一个里程碑将会出现在2045年。

未来学家雷·库兹韦尔曾预言，到2045年，计算机与人工智能将超过地球上全人类的思考能力，并将那一刻命名为"奇点"（Singularity）。这也是关于人工智能未来前景最终的里程碑了。若要认真思考"那一刻，会有怎样的未来等待着人类"，将是一件极其有趣的事情。库兹韦尔认为，由于在那之前的社会、政治、经济前提全部被颠覆，一段与之前并不连续且无法预测的历史即将到来。库兹韦尔正是从这一意义上将该时间点命名为奇点的。

尽管尚不能完全预测，但有一点还是可以清楚预见：到那个时候，脑力劳动的工作将会全部消亡。相较于全人类集合在一起冥思苦想，远不如一台人工智能所思考出的结果更准确。

　　尽管有些遗憾，但到了那一时代的所有脑力劳动，哪怕人类想做，也最好还是让计算机来承担。打个比方，就像19世纪的铁匠出现在现代，即使有人想尝试一下打铁的工作，打出来的性能也远不及钢铁工厂那些巨大的高炉里打造出来的铁一样。

　　正如把19~20世纪工匠们所做的工作交给机器来完成会更快、更好一样，到了21世纪中叶，把人类的脑力劳动交给人工智能来完成才是常人的判断。

　　说到2045年，也不过是26年后而已。对于如今20岁出头的年轻人来说，那意味着

> 到那个时候，脑力劳动的工作将会全部消亡。相较于全人类集合在一起冥思苦想，远不如一台人工智能所思考出的结果更准确。

在自己还没有退休的时候，白领工作就将面临消失。眼下在自己供职的公司总部的豪华办公室里，干部或是部长们所做的那些令人羡慕的工作，30年后的自己恐怕已经没有机会再做了。

　　不过，即使那一时期来临也无需恐慌——这里想说的是，从长期来看，大家都将失去工作岗位。

　　被誉为20世纪最有影响力的经济学家约翰·梅纳德·凯恩斯曾在经济大恐慌时期针对"长期来看，上帝的手会帮我们使供需协调的"这一看法，反驳说"长期来看，我们都会死掉的"。

这句话其实是凯恩斯所开的一种玩笑：看待经济学不应着眼于超长期，而更应将焦点放在现在和不远的将来。

同样，所谓"到2045年奇点之时，工作岗位都将消失"，不过是"从超长期来看，大家都将失去工作"之意。相比之下，我们更应该重视的是"眼下，为什么我们的工作

> 眼下在自己供职的公司总部的豪华办公室里，干部或是部长们所做的那些令人羡慕的工作，30年后的自己恐怕已经没有机会再做了。

环境一年比一年糟糕""在不远的将来，最先消失的工作岗位会是什么"这样的问题。

从这一意义上讲，本书想将焦点主要放在两个领域来展开讨论。一是今后十年间，专业型人工智能必将来临，通过它的推进，世界将发生怎样的变化；二是现在，即当下通过人工智能究竟发生了什么改变。

本书书名中的"'AI失业'时代"，指的正是现在。人工智能要完全超过人类、不需要人力，那还是未来30多年后的事情，但其实人工智能导致工作岗位消失的现象在当下已经开始，并且正处于现在进行时。

通过了解当下发生了什么，读到第二章之后，你就能深深地

感受到"残酷的当下"了。但在本章中，我想首先对前景预测做一下区分。

———◉ 为什么律师工作还毫无消失的迹象可言？ ◉———

我们把时间轴调回到现在。以2012年为转折点，那时出现了掌握深度学习能力的专业型人工智能。这里想要探讨的是"为什么从那之后，只在有限的领域内出现了超过人类智力的人工智能"这一现象。也可以把它换成"为什么律师工作还毫无消失的迹象可言"这一问题。尽管天天喊着"面临威胁"，但这一威胁在现实当中并未发生，其理由何在？

2015年，谷歌的阿尔法狗打败了世界最顶尖的职业围棋手，带给了人类巨大的冲击。可是，阿尔法狗竟于2017年宣布隐退，从此销声匿迹了。为什么阿尔法狗要隐退呢？还有，超过人类智力的人工智能又究竟潜伏在何处？

据说，只要使用深度学习技术，把专业领域的工作岗位换上人工智能，就是短期内可以达成的目标了。像律师、会计师、代书士[1]等专业工作和内科医生做出诊断等工作以及多数的银行业务等，将在较早的阶段被人工智能所取代。

据说，就人工智能的能力而言，那些高收入知识型工作者等专业人士的岗位基本上都将消失。话虽如此，可现实当中却完全没有听到过这样的情形。

> 就人工智能的能力而言，那些高收入知识型工作者等专业人士的岗位基本上都将消失。

是不是搞错了？或是有某种隐情？可能有人对此会觉得非常奇怪。

其实，的确是因为"有某种隐情"，才使得律师和医生们的工作依然存在。

所谓的隐情主要包括两个部分。其一，在开发有学习能力的人工智能上，还有几项必须攻克的研究课题。东京大学的特聘副教授松尾丰将今后需深度学习的课题具体列举如下：

首先，今后人工智能需要有能力学习自己的行动所引起的结果。为此，人工智能要能够学习PDCA（计划、执行、检查、处理），需要攻克一些被称为框架问题的技术难题。以具体职业为

---

1 在日本代人草拟向行政机关所提交文件的人。——译者注

例，只有在攻克这些难题之后，才有可能出现可以充当一名"完
美的金融商品交易商"的人工智能。

同时，还有一项"通过行动积累经验"的课题需要攻克。当
医生做出诊断结论，告知患者感冒时，对方通常都能正常接受。
但当告知对方罹患癌症时，就需要格外注意了。再如，胆固醇也
好、吸烟也好，即使医生苦口婆心地劝说，患者也未必照做。只
有在实际经历这样的情况之后，才可能懂得"诊断这类病症时需
要特别注意"。如果人工智能不能掌握这样的能力，知识型工作
者的岗位也就无法交给它们来代替。

那么，人工智能的研究者们要以怎样的速度开展研究，才能
达到这一程度呢？这里其实还存在着另一个现实上的瓶颈：日本
的人工智能研究者想要推进这样的研究时，很难保证大型计算机
的处理能力。

要想开发出阿尔法狗那一级别的人工智能，需要拥有世界上
最先进的巨型硬件设备。目前，"京"的排名已跌至世界第十。
但换个说法，也可以说，世界上像"京"一样超过人脑处理能力
的硬件设备仅有十台而已。

第一、第二名均在中国，美国有四台，日本有三台，瑞士有

一台。这也是"能以超过人脑的速度进行计算处理的计算机"的总数。

说实话，超级计算机在设计思路上并不适合人工智能。但是，要想造出阿尔法狗和IBM引以为傲的"沃森"级别的头脑，仍需要既大型又高性能的人工智能专用硬件设备。

而阿尔法狗退出围棋比赛的理由，则是"世界上还有其他更多的课题需要研究"。截至2018年，全世界拥有世界顶尖能力的人工智能专用计算机的总数，恐怕还没有以竞相开发人工智能为目标的科学家总数多。

这些科学家们的研究课题也涉及多个内容。为推进各自的研究课题，要么需要确保利用大型计算机时间的间隙，要么需要通过性能较低的广泛应用型高性能计算机在可能范围内进行研究。年预算数亿日元的研究者们就在这样的制约之下开展着研究。

为什么"AI 失业"将从金融与运输行业开始？

例外的情况是谷歌及亚马逊、微软、IBM这些美国企业，还有中国。能每年投入一万亿日元规模的研发经费开展人工智能研

究的国家，全世界只有这两个。这两个国家云集了世界最高水准
的人工智能研究者，他们凭借着充足的研发预算，可以自由使用
巨型计算机开展各自的研究，在其他研究者无比羡慕的环境下，
推进着人工智能的开发。

也因此，当下很有可能从他们当中诞生出令全世界震惊的新
型人工智能。同时，在一段时期之内，其他研究者们也将对人工
智能开展着缓慢的研究。

那么，假设你是谷歌的经营者，会把那些数量有限的计算机
设备和每年一万亿日元的预算投入到哪些方面呢？会用于开发那
些可以学习日本律师业务的人工智能吗？显然，这样做并不具有
经济意义。要学习日本的法律法制异常辛苦，市场却极小。但
站在同一角度来看，日本的代书士或公共设施维修技师反而不
在其列。

因为受到计算机设备的制约，全世界的资本眼下都集中到了
资金回转较大的市场上，也就是自动驾驶汽车（无人驾驶汽车）
市场和金融科技。

等到汽车彻底实现人工智能驾驶时，全球运输市场和物流市
场就将发生革命性的变化。据称，全世界的汽车厂家都在以开发

L5等级的全自动驾驶汽车为目标，不断加大研发投入，到2022年就可能将第一批L5等级的汽车投放市场。全世界的投资也都瞄准了这一目标，资金全都集中在这一市场上。

另外，还有一个投资远超一万亿日元的领域，那就是金融科技。包括金融理财、买卖、银行贷款、保险服务等在内的金融市场非但规模庞大，从中产生的利润也相当巨大。

只要能通过人工智能比其他公司更早掀起金融商务革命，就能创造出巨额财富。如今，股票交易等个人业务在任何一家证券公司都以人工智能为主了。而那些使人上当、蒙受金钱损失的，都是由人类担任的金融顾问。

> 只要能通过人工智能比其他公司更早掀起金融商务革命，就能创造出巨额财富。

在计算机设备受到制约期间，研发资金更应集中在能赚钱的领域。因此，从目前来看，专业型人工智能的开发全都集中在了自动驾驶汽车和金融科技这两个有限的领域。

也因此，有工作岗位消失威胁的也集中在这两个领域内。2022年，一旦自动驾驶汽车推出，国内的长途司机和的士司机便会同时失业，其规模将达到123万人。

同时，有三家大型银行发布消息称，今后十年内按长期计划，将有数以万计的员工下岗。把银行职员换成人工智能，使大量工作岗位消失，也已写进了经营计划。

说起这些，对于一般的经济信息灵通的人士来说，已不能算是新闻了。问题是，这两则新闻里都存在着"人工智能推进的同时出现'AI失业'"这样一个根源。并且，岗位消失首先将在运输、物流行业和金融行业里出现，接着，目前还无从下手的、那些更小一些的领域，迟早也会逐渐受到"AI失业"的波及。

> 岗位消失首先将在运输、物流行业和金融行业里出现，接着，目前还无从下手的、那些更小一些的领域，迟早也会逐渐受到"AI失业"的波及。

──◯ 可以轻松购入十万台超级计算机的那一天 ◯──

那么，在日本国内，律师、代书士这些从全球市场来看存在于"相对较小市场"的知识型工作，又将在何时消失呢？那些更小的、更加细化的各种专业岗位被AI取代，又会是在何时呢？

根据市场的大小，全世界都在优先进行使专业型人工智能学习知识型工作内容的研究。就律师来说，在诉讼之国——美国，已率先开始了让AI学习律师工作内容的研究。

而已着手研发人工智能医生的，则是中国。据称，这项研究由大型人寿保险公司发起，投资规模累计超过一万亿日元。其目标是降低国民医疗费用，节省保险赔偿金额。这个拥有13亿多人口的国度在全球率先开展这项研究，显然是有其价值的。

可是，目前其他大部分的专业领域尚未正式开始研究。若按眼下来看，在巨型计算机设备严重缺乏的同时，全世界拥有研究热情的学者却严重过剩。或者可以说，AI研究者们的时间大量过剩。因此，他们把多出来的精力放在了开发那些"弱AI"上。

这里就出现了两个新的概念。在人工智能领域里除了专业型、广泛应用型这两个切入点以外，还存在着"强AI"与"弱AI"两个概念。像阿尔法狗那种使用全世界最大型的计算机设备、通过机器学习诞生出来的，即是强AI。

同时，还有一种AI可以通过个人电脑、较小型的计算机设备研发出来，比如，可以煮出可口米饭的电饭煲里附带的AI、宠物机器人身上附带的AI等，这些就不需要太大的计算机设备了，这些AI都统称为弱AI。

　　如今，因为人工智能时代的到来，各个家电厂商和国内物流公司竞相引进研究者，总的来说，主要致力于研究弱AI领域。显然，若与年投入一万亿日元的谷歌、亚马逊进行同类研发，无异于以卵击石。因此，日本企业选择独辟蹊径，在仅凭数十亿日元研发经费就能实现的弱AI上面投入资金。

　　在人工智能研究者的主要精力放在弱AI期间，日本国内的知识型工作者等较小市场内的工作岗位暂时可以安然无恙。而这种平衡被打破，要到全球的AI研究者们都能以数十万日元买入等同于人脑计算能力的计算机的那一天。届时，人工智能的研究也将瞬间突飞猛进。

　　而那一天究竟何时会来临？回顾一下以往计算机处理能力提高的进展速度，我们可以在某种程度上做出预测。

　　现如今，最为普及的十万日元以内就能买到的性能最高的计算机类型，就是PS4游戏机（PlayStation 4）。PS4的GPU（图形处理器）计算速度为1.8×10^{13}/秒，比人脑的速度要慢，但也算是一种高速处理的计算机了。

　　而PS4面市是在2013年，其计算性能与1998年前后的世界最快的超级计算机基本相同。

这期间经历了大约15年。即15年后，拥有与世界上最快的超级计算机同等能力的电脑就可以在家电零售店里买到了。按此推算的话，超级计算机"京"问世于2011年，那之后15年，即2026年左右，对于全世界的人工智能研究者而言，就有可能达到一人拥有一台"具有人脑同等能力的硬件设备"这一普及程度了。

那么，到那时候，全日本的AI研究者将同时启动把专业人士岗位置换成人工智能的研究。从律师、代书士等一般岗位，到公共工程品质保障技术人员、土地房屋测量人员等更为细化的岗位，这些"从全球市场来看，因规模过小、不会被替代而得以幸存的专业岗位"，也将在2030年左右全部消失。

眼下，在你个人身上发生了什么？

那么，再来确认一下本书所要关注的内容。

未来30年间，因人工智能的推进，人类工作岗位将分阶段逐步消亡。其中，本书想要重点探讨的，是现在以及十年内的未来前景。

而中心议题是"对你个人将有怎样的影响"。

本书的假设前提为人工智能的发展暂时不会中止。而实际
上，想必这也是事实。

也不能说未来全无这样一种可能：美中之间发生全面战争，
导致世界荒芜，产业无法发展。但只要不出现这种极端的事态，
资本主义经济对于人工智能的巨额投资就会继续，人工智能的能
力也将在种种领域里不断超越人类。

那样一来，人类的工作量迟早会降至现在的一半以下。现在
劳动市场中可以获取较高收
入的工作，换句话说，专业
性较强的脑力劳动工作将会消
失。劳动市场中，白领与蓝领
的薪资将会出现倒挂现象。一整天坐在凉爽的办公室里完成案头
处理业务的工作，也将从这个世界上消失。

> 劳动市场中，白领与蓝领的薪资将
> 会出现倒挂现象。一整天坐在凉爽的办
> 公室里完成案头处理业务的工作，也将
> 从这个世界上消失。

各行各业都会出现下岗。最初会从银行等金融业、运输、物
流相关的行业开始，之后将会波及到几乎所有的行业。工作岗位
本身出现了大规模的消失，人们也开始竞争残留下来的为数不多
的岗位。竞争开始激烈化，意味着工作的回报也将大幅减少。

而在那样一种情况下，怎样才能生存下去？

　　眼下又是怎样的状况？在你工作的职场里，出现了什么变化吗？是否工作的情况一年比一年更复杂严峻，薪资却完全没有上涨？假如已经出现了这样的情况，又为什么会发生？

　　改革工作方式这一关键词在社会上很是热门，而其另一面也正意味着劳动环境正在日益恶化。假如不懂原因何在，即使修改了法律，劳动者们也只能处于任人摆布的状态。

　　工作的未来、工作的当下，都发生了什么？我们一起来看看吧。

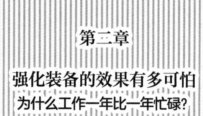

第三章

强化装备的效果有多可怕
为什么工作一年比一年忙碌?

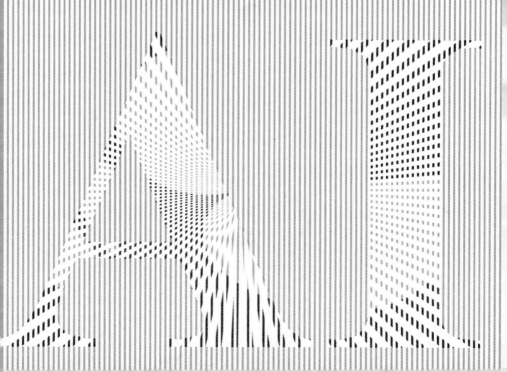

——●一个月轻松完成 16 篇连载副业的当下 ●——

我们的工作为什么会一年比一年更辛苦劳碌？而我们的薪水又为什么没能得到提高？现实中越来越多的是与"AI失业"正相反的、因劳动力短缺导致的黑色劳动[1]现象，并日益形成社会问题。

在一片要求改革工作方式的呼声中，长时间劳动与低收入群体反而在增加，人们称之为现代社会的两大病灶。其实，这样的社会问题正是与人工智能和智能手机紧密相关的。

有个名词可以解释这一现象，叫作"强化装备效果"。在科

●1 类似"996 工作制"，意指在工作环境极其恶劣的企业，即黑色公司里，在艰苦的高压环境下进行超出承受能力范围的劳动。——译者注

幻世界里，主人公只要穿上强化装备，就可以发挥出超人的能力。

而随着IT的发展，任何一名现代商务人士都能宛如穿上强化装备般完成超强度的工作。可以用我个人的例子来说明一下。

我是一名55岁的经营战略顾问兼经济评论家，但目前我工作的生产力远远高于自己年轻的时候。譬如，身为一名经济评论家，一个月内我要完成16篇约3000字的连载报道。按以往的常识，这已经是专业作家的写作速度了。

可是，由于我武装上了经济评论家的强化装备，趁着忙碌的经营战略顾问工作间隙，完成这些经济报道不过是我的一项副业。而那件强化装备，就是我的智能手机。

各家编辑部纷纷向我邀稿，诸如"请您针对东芝问题的前景写份稿子""请您介绍一下为什么神户制钢会发生品质不良问题""优衣库本季的业绩将会如何？""请您介绍一下目前势头较好的风投企业"等。关于这些题目，只知概要不知细节是无法写出来的。

如果放在2005年前后，考虑到事先调查和采访所需的时间、精力，一个月能写出五篇专门报道就已是满负荷运转了。而如今，我们拥有智能手机。

前一阵，我还在去往工作地点的途中接到手机上打来的电话："希望您能介绍一下AbemaTV的商务模式。"接受了邀稿之后，我便在行驶的电车上用智能手机大致浏览了相关的报道。我对AbemaTV的模式还算了解，通过谷歌把搜索到的各类报道内容再看上30分钟，就可以充分掌握完成这篇报道所需的知识了，甚至还包括最近的新闻。

也就是说，在使用智能手机浏览过一些相关报道后，这一阶段，结构图已经在我的头脑里成形：如何写出一篇对比大众熟悉的传统媒体商务模式和刚刚问世的媒体AbemaTV商务模式的报道。

之后，我就在电车上通过邮件或LINE[1]向行业有关人士提出问题，晚上就能收到对方的回复。采访就这样轻松搞定了。

在完成一篇报道的过程中，从收集材料到构思如何组织材料的环节是最为辛苦的，撰写的时间只需坐在电脑前伏案一小时左右就已足够。而有了智能手机这一强化装备在手，这前半部分的工作内容就被我在行驶中的JR[2]车上，利用空余时间基本上完成了。

1 日本常用的社交网络平台，相当于中国的微信。——译者注
2 日本的电车，多用于通勤。——译者注

◉ 工作的生产力翻倍，收入却不见变化 ◉

一个月16篇报道，等于要以每两天一篇的速度完成撰稿，也许有人会觉得收入也应有所增加吧，其实不然。各大媒体的稿费都在大幅下滑。

在十多年前，也就是2005年左右，每个月撰写五篇专栏是我的副业。每篇3000字的网络专栏稿费为40000日元，一个月的稿费总额为20万日元。再往前十年，即1995年左右，当时没有网络，投稿都是寄给杂志社的。一篇三页左右的报道就可以得到十万日元的稿费。

而完成16篇报道，显然要比一个月五篇的业绩高得多，可一个月的稿费总额基本上没有增加。如果一个月只写十篇稿的话，收入还会明显少于之前。

并且，若是像"请您报道一下河童寿司自助餐""请您对比一下特惠智能手机与普通手机的差别"等稿件，还需要去实地采访，或是亲自买来手机卡试用，算上费用部分，报道的篇数虽有增加，支出也会随之增加。因此，尽管我整天忙着写稿，却感觉不到赚钱比以前更容易。

工作的量与十年前相比不止翻倍，收入却几乎没有增加。

这里讲了我个人的例子，你的工作中，是否也出现了同样的变化呢？我询问了一圈周围的人，很多人回答，自己所在的职场里也是同样的情况。

为什么会出现这样的情况？原因就在于武装着强化装备进行工作的人不止你我，还有周围的每一个人。

在我以经济评论家的身份撰稿时，发生的情况是这样的：

眼下，一方面，媒体领域里报道的数量数不胜数，经济报道的撰稿人也在增加，而另一方面，一则报道的寿命却极为短暂。网络媒体上的报道，阅读时间基本都集中在刚刚发布后，寿命最多也就是十几个小时。

早前，DeNA等IT企业开创了一种名为"信息搜集媒体"的新媒体，一时间形成了社会问题，即所谓的"WELQ[1]问题"。对这一问题还有印象的朋友，可以回想一下它们的商务模式。它们的信息搜集媒体主要通过把网上的报道内容总结整理成一些所谓的"概括报道"来获取极高的页面浏览量，并以此谋取暴利。

1 即上述 IT 企业所开办的官网名称。——译者注

　　这种做法完全不顾文章的质量，即使撰稿人并非专家，也能写出看似专业的报道来。而这种水准的撰稿人，能从DeNA获得的稿费为3000日元。尽管这些文章从专家角度看，堪称粗制滥造，但因这样的稿费也有人肯接受，就间接导致了真正的专业撰稿人的稿费行情跟着下滑。

　　结果，不知从何时起，连我们这些专业人士也开始像那些3000日元的报道一样，以"能吸引多少页面浏览量"来决定稿费的标准了。也正因为如此，我的经济评论家工作尽管一年比一年辛苦忙碌，生产力也在不断提高，收入却几乎不见涨。

◉ 强化装备会议的紧张感 ◉

　　想必你已经发现，这一现象并不只是发生在我个人身上。你是做什么工作的，我无从得知，但你的工作应该确定无疑也会受到这一强化装备效果的影响波及。

　　接下来要讲的事情，相信在大企业里供职的人多少都有过类似的经历。我们可以虚构一下，假设你是一名任职于大企业的员工，但薪资水准一直没有多少上涨，你的头衔是组长或项目负责

人之类的管理职位。那么，你就有机会参加一些内容相对复杂的经营会议。会议的议题要么是"欧盟各个业务针对《巴黎协定》的对应方针"，要么是"向基于新技术的新型蓄电池转型"，简而言之，都是些"针对细节、内容不知所云的会议"。

在以往，一小时的会议中，大概有40分钟是熟悉议题内容的起草者讲解的时间，剩下的20分钟则是参会的干部、部长、科长提问的时间。接着，会议结束时，会告知各位"这一议题先带回去，事务局会通知下次进行什么样的讨论"。议题到此为止，会议也结束了。

可是，如今却完全不同了。假设你对会议议题完全不知所云，也可以在桌子底下快速地移动手指，通过谷歌搜索出那些不懂的名词含义。

所谓《巴黎协定》，是指围绕气候变化，即温室气体排放，于2015年通过的世界性框架协议。假设你是在现场，在此刻，才知道这一点的，只要浏览过几则经济报道，你就可以知道，美国已宣布脱离该协议，世界主要国家都在认真考虑如何应对《巴黎协定》；欧盟对于温室气体排放的要求极为严格，中国的首都北京也因担心出现雾霾天气，正在不断关闭火电厂，以实现《巴黎协定》的减排目标。只要花两三分钟，你就可以对这些信息做到大致的把握。

全世界有数十万亿日元的投资金额正在启动，其目标是二氧化碳减排。尽管这件事你才刚刚得知，但你也可以在滑动五分钟手机之后，彻底明白"这场会议要讨论的是，我公司在世界各地都有工厂，负责欧洲工厂的部门为使业务继续下去，必须重新研究产品的原材料和制造方法，以遵守《巴黎协定》，从而得以在欧洲市场上立足"。

假设会上有管理层发言说："可是，我们业务部具体应该实行什么级别的应对，各位有何想法？国内销售部是否觉得与自己无关呢？"这个时候，会议室里所有人的目光都将集中到你的脸上。等你回过神来，才发现会上国内销售部的出席人员只有你一个。

放在十年前，若是一名没能力的科长，典型的回答会是："抱歉了，我还真没有想过这个问题。不过，今天终于懂了。今后一定好好研究一下。"

可是现在，你拥有智能手机这件强化装备。实际上，你为了这一刻，一早已经在桌子底下飞速地移动手指，用智能手机搜个不停。所以，此刻从你口中出来的发言，会是走进会议室前自己

完全意想不到的内容。

　　你会信心满满地说出这样一番话来："比方说，我们从中国进口的那些用于国内销售的产品包装里的泡沫棉，按照欧盟标准就不合乎规定了。所以，包括海外承包在内的产品包装材料，必须彻底换成不会排放CO_2的碳中和材料。"这番言论都是你刚刚快速准备好的，你需要通过一脸的自信来宣告自己身为组长的经验老到。

　　可是，为什么你要把自己扮成如此能干的员工呢？原因正在于，不止是你，参加会议的其他部门的所有员工都在拼命地滑动着手机呢。所有的员工都武装上了强化装备，严肃而认真地开展着这场商务战。

━━◉ 过去往往不了了之的会议，如今拥有很高的生产力 ◉━━

　　我有一家客户，在大企业里也算是会议生产力提升得很快的一家了。他们在召集会议时，会预先写好会议的议程："我们将就应当立即引入新型蓄电池，还是推迟一年的议题进行讨论。"并且，还会添加上三四个附件："请浏览以下资料。"

同时，会议的召集对象仅限于与议程内容有关的部长、科长们。有趣的是，浏览过十来分钟附件，再通过谷歌对不太明白的专业知识进一步检索相关信息后，即使你之前完全看不懂议程，也突然可以做出经营上的判断，并知道自己该提出什么样的问题，就连事务局的资料里不知所云的部分也可以看懂了。

因此，会议在最开始的五分钟内就可以进入白热化状态。生产力如此之高的会议，我在20年前的任何一家大公司里都没有见过。

以如此高的生产力水平进行工作的职场，在日本的一线白领工作里并不太多。可是，企业一线的工作方式多少都在向生产力不断提高的方向发展，职场也变得越来越忙碌。

另一方面，工作中也引入了越来越便利的工具。要么是公司内部的新系统，要么是公司内部工作时可以共享信息的便利工具。

譬如，需要几个人共同行动的工作一旦使用邮件互动，速度就太慢了。因此，总会有人提议使用LINE作为沟通工具。

假如通过邮件联系，正题内容前后还要写些正式的开头和致谢等，而LINE就完全不用顾及那些礼节了。从效率上讲，后者显然提高了工作速度。

现在的工作流程中各个环节都在实行这样的改善。如今，正是员工们在职场里以前所未有的生产力工作的一个时代。

那些三四十岁的干部们以如此高的生产力完成着工作，对社会的贡献也远超20年前的管理层们，但他们的年薪与这种压倒性的生产力并不成正比，甚至收入比20年前那些被称为"窗边族"的"上了年纪不干活的正规员工"们还要低得多。这也正是因为每个人都在工作中武装上了强化装备，业务考核的标准也因此逐年不断提高。

"系统化使工作变得轻松起来"只是一时的

这一现象即使在蓝领职场里也同样存在。譬如便利店卖场里的下订单业务，如今即使交给兼职人员完成，也完全不会出错了。不，也不能说偶尔不会发生这样的事例：全家便利店由于下错单进了大量泡芙，在推特上发出求助的声音。但最多也就是这个程度了。全日本的便利店里每天都有无数兼职人员在下订单，几乎都不会出错。以过去一线零售业的常识来看，这绝对是令人无法置信的划时代的变化。

对于零售业来讲，需要下多少进货订单，是一项关乎业绩的重要业务。畅销商品如果没能摆在超市的货架上，就会错失良机。这也是超市最担心的情况。

如果进了大量滞销商品，就会发生废品损失。如果不是便利店而是超市的话，可以为了减少废品损失，在商品包装上贴上"八折""半价"的标签，尽快将商品处理掉。可是，即使商品可以处理掉，收益却已发生损失。

在过去的流通行业里，"为了避免这种损失，下订单要由老员工操作"才是常识。当前什么商品卖得好？天气变化时，销路会有怎样的变化？过去，下订单的业务作为超市收益的关键，要交给最了解这些情况的老员工。

可是，由于人工智能的发展，这种需要专业能力的业务，系统完全可以给予协助。便利店具体应下多少订单，人工智能可以在总部采购人员的意向和一线的销路信息基础上，显示出应下单的数量。兼职人员可以进一步确认，或是再加上自己的若干想法追加一部分，这样就可以确定下单的数量了。

各个便利店下单数量的自由度，也可以由人工智能来补充和修改。只需在收银台大声说句"今天起增加炸鸡块，怎么样"，就可以确定商品的种类了。也就是，在确定该店当天的主打商品时，对于应该加多少订单量，人工智能也可以提供协助。有了订单协助系统这一强化装备，便利店一线的普通兼职人员也可以承担下订单这类重要的业务了。

在运输一线，强化装备同样有着用武之地。尽管尚未实现全自动驾驶，但自动刹车和保持车线，以一定速度行驶等驾驶辅助功能正开始普及，目前仍以高级车为主。在今后推出的汽车中，这种高度的驾驶辅助功能将会成为标准。

有了这种驾驶辅助功能，运营车司机和私人出租车司机等日常工作中需要使用汽车的岗位就会轻松许多。目前，在有驾驶辅助功能的汽车上工作的人们，在高速公路上就不再需要疲劳驾驶，那些不擅长停运营车的人也可以轻松停车，驾驶的负担应当大大减轻了。

但如果因此就认为，以这一形式将人工智能引入职场之后，"工作就会容易了""业务就会轻松了"，那么，到后面你会发现，这其实只是一时的假象。强化装备的效果起初可以让人感觉比以往轻松，但到后面就会有真正可怕的来临：职场里依靠强化装备后，工作的确可以变得轻松起来。但总有一天，工作的总人数也必将减少。同样的岗位，薪资也会遭到削减。

> 职场里依靠强化装备后，工作的确可以变得轻松起来。但总有一天，工作的总人数也必将减少。同样的岗位，薪资也会遭到削减。

"太方便啦！"你之所以会有这样的想法，是因为职场里的工作生产力获得了前所未有的提高，但这仅仅是我们最早留意到的初期表现而已。

智能手机之后，接下来将登场的是什么？

今后一段时间内，最能有效帮助我们提高工作生产力的强化装备，依然会是智能手机。但其使用方法可能会在今后五年内进入这样的阶段：

目前，绝大部分商务人士在把智能手机用作自己的强化装备时，使用方法还仅限于在界面上手动输入，以及浏览屏幕上的文字。而这一方式将会在几年之内，彻底转变成语音输入和语音输出。

目前，智能手机的语音识别已达到相当实用的水准。因此，使用LINE时，有越来越多的人选择对着手机麦克风慢慢说出语音，再转换成文字的输入方式。

这种语音识别功能几年后也将会提升到更高的水准。到那时，语音输入的速度就要比在虚拟键盘上滑动输入更快捷了。

而同时，语音朗读的功能也将逐步得到改善。朗读的语调将会更接近自然的感觉，声调、语速也可以自动调整。

那样一来，走路时就不用再边走边盯着手机屏幕了，可以让手机通过语音为我们读出信息，这将会方便许多。"麻烦您了。关于昨天请您处理的报价事宜，因前提条件有少许变动，能请您做出相应的调整吗"像这种工作邮件，手机都可以模拟客户的音色读出来。你只要打开蓝牙，把回信内容通过语音输入即可。不用看着手机屏幕，就可以快速地进行操作了。

此外，当朋友发来"不好意思啦，今晚约好的见面时间能改到九点吗"这样的私人邮件时，人工智能也可以理解其含义，并使用朋友间聊天的语气为你读出来。只要手机里的人工智能足够智能，未来十年，它也许可以分析手机里正在通话的声音，对每个朋友的音色、语调、口头禅进行抽样分析，定制出各自不同的朗读声音来。

那么，通过LINE进行多人互动时，也可以像全员在场一样体验真实的对话场景了。比起一直盯着手机屏幕看，让手机通过人工合成的声音读给你听，显然自由得多。

总有一天，街头巷尾随处可见的低头族将成为历史。未来将出现这样一种奇妙的场景：人们都会看着前方快速地行走，但都戴着耳机。街上随处可见的，将是每个人都在对着空气随意地大声说着话。每个人都在跟另一个地方的人说话，却不会看着眼前现实中的人。

> 街上随处可见的，将是每个人都在对着空气随意地大声说着话。每个人都在跟另一个地方的人说话，却不会看着眼前现实中的人。

而在智能手机之后，接下来要登场的，是一种信息化家电。按照同样的构词方式，它叫作智能音箱。

这是一种亚马逊网站上出售的"Echo"品牌或谷歌"Home"品牌的商品，目前，人们可以向音箱发出指令，让它查找出当天的天气预报，或开关家中的电器电源。

尽管名称里带了"智能"一词，但说实话，现阶段的智能音箱性能还称不上多智能。

但是，可以预见的是，这类商品今后将迅速地智能和便利起来。前面所讲的语音识别能力和说话能力，也将在短短几年内迅速得到提高。

在未来，智能音箱还会像苹果和谷歌的智能手机一样，各个企业都争相推出各式各样的APP。

做个人投资的人，可以通过它听到股价急剧变化的股票名称。下厨的人，可以通过它听到菜谱的内容。并且，不同于菜谱书上所写的顺序，它会使用人工合成的声音告诉你，现在需要提前做些什么。比如，"先看看家里有没有做这道菜的调料"或是"趁这个空当，把蔬菜切好"，从而使人不再浪费做菜的时间。

> 就像这样，出门在外使用智能手机，回到家里使用智能音箱。通过这样的方式，这个世界终将变成一旦缺少了人工智能的便捷辅助，我们的日常生活就无法继续的模式。

就像这样，出门在外使用智能手机，回到家里使用智能音箱。通过这样的方式，这个世界终将变成一旦缺少了人工智能的便捷辅助，我们的日常生活就无法继续的模式。

已经问世的"人工智能秘书"

我们再从日常生活说回到不远的未来职场。在"AI失业"真正开始之前，人工智能暂时还不会夺去人类的工作岗位，而只会作为使人类工作更加便捷的一种辅助工具，也就是说，会被当作是人类的朋友。

装着功能强大的人工智能、会说话的智能手机，将是你最好的工作伙伴。人工智能会对一天的日程表和要做的事情做出整体分析，在你开口询问之前，就把如何处理才能顺利完成工作的流程告诉你，比如，"现在您最好跟某某和某某客户先联系一下"或是"山手线[1]停运，您需要早十分钟离开办公室，然后绕行"等。

在英语圈里，"人工智能秘书"已经是件商品了。实际上，我有一位在外企工作的朋友好几年前就已开始使用人工智能秘书了。当时，即两三年前，他所使用的人工智能秘书还处于"头脑"比较僵化的阶段。譬如，我们要让人工智能秘书来帮忙安排日程，想让它设定下周某天中午要与客户一起共进午餐时，就必须做出相当细致具体的指令，才能使工作顺利完成。优先顺序是什么，中午这一时间段究竟指的是几点到几点，地点定在哪里，以上内容必须全部设定为数字式，它才能启动。

1 东京的电车线路名称，常用于通勤。——译者注秘书是真人的话，基本上都可以按照大概的指令行动，但使用这种低水准的人工智能秘书却极其麻烦。真人秘书通常都懂得首先要帮对方把日程留出来，然后跟老板具体讨论过细节之后再行动。人工智能秘书则完全不同，首先你要把所有的信息都输入进去，它是个极其麻烦的工具。换言之，它还是件"玩具"。

不过，由于朋友的工作就是要将这种人工智能引入社会，他还是坚持从基础阶段开始对它慢慢培养。而有趣的是，这台人工智能秘书竟然真的渐渐成长起来了。在这两三年间，在不断升级人工智能版本的同时，它也掌握了老板的工作模式。

最近，还发生了这样一件趣事：暑假，这位朋友到度假胜地去度假期间，还必须参加一场多人参与的电话会议。人工智能秘书事先已跟世界各地的与会者沟通，并将电话会议的日程和议题正常通知给了对方。

可是，朋友自己却把会议的事情丢在了脑后。也因为有时差的原因，他把时间完全记错了，开会当时，他正在沙滩上享受。

紧接着，等他回到酒店房间时，收到了一大堆邮件。内容全都是各地客户发来要求他"参加电话会议"的，之后就是"我们等了一段时间后，最终还是取消了电话会议"等。

　　有趣的是，人工智能秘书在多次尝试与他联系未果之后，似乎发现了他把电话会议忘掉了这一事实。联系不上他本人，他又没有任何登录电话会议的记录，因此，人工智能秘书意识到他是忘记了会议，开始出面收拾残局。

　　也就是说，它首先向各个相关方发出了道歉的邮件，并调整了电话会议的日程。等他回到房间里发现这一切的时候，新的会议日程都已设定完成了。

　　这就是人工智能从与玩具相仿的阶段，经过几年时间一步步进化起来的实例。

　　那么，您知道今后将发生什么了吗？

　　总有一天，从便捷性上讲，人工智能超过人类的一刻终将来临。并且，还有更进一步的未来。眼下，人工智能秘书从上下级关系来说，还属于人类的下属。可是，如果秘书继续坚持学习、产品进一步升级版本的话，上下级关系说不定会颠倒过来。

　　在方便好用的人工智能秘书投入使用之后，接下来，或许就是人工智能"上司"的问世了吧。

◉ "摩登时代"再次来临 ◉

在本章最后，我想探讨一下，目前，IT作为强化装备辅助各种一线岗位时，在各个岗位上产生了怎样的副作用。

如今，在工作岗位上，生产力得到了快速的提高。而同时技术革命也在逐步"隐形化"。各个部门的生产力确实提高了，但究竟是什么、以怎样的方式提高了生产力？那些脱离了一线的上级领导们，对其原因、要素等细节部分就不甚清楚了。

当前，全社会都在呼吁改革工作方式。而作为存在已久的问题，公司内部的领导层越来越不了解员工们的工作方式了。因此，只要不发生丑闻或是不幸的劳动灾害等，领导层就不会主动了解一线的劳动环境有多么艰苦。

事实上，白领的一线岗位眼下正如宽银幕电影时代的名片《摩登时代》里描绘出的世界：传送带式的生产线一旦运转起来，毫不会顾及人的速度。而在现代的摩登时代里，整个白领职场都在以这样的速度运转着。

现代的强化装备，即电脑、智能手机、平板电脑等IT机器，由于岗位内容已细化，每项内容使用一点零碎时间即可完成，劳动者们始终在分秒必争，毫不浪费地工作着。回复邮件、传阅资料、预订会议室等，员工们都是以30秒钟为单位，完成一个又一个工作任务的。

穿上了强化装备的白领们通过无休止的工作，使得工作岗位的生产力不断提高。

但生产力得到如此的提高，也终将带来"价格"与"成本"之间的失衡。为服务项目定价的人们，已无法准确定出与时刻都在变化的生产力相应的价格了。

也因此，总部的营销企划部门只能通过概算来确定价格："这项服务，别的公司大概是这样的价格""不定这样的价格，客户就不会购买""按这个价格，大概可以把成本缩减到某种程度"，营销企划部门都是以这样一些五花八门的依据来确定价格的。

最终结果是，产品虽然可以卖出，却不足以盈利。工作虽然忙碌，业务也在不断增加，但既然没有利润，薪资也就不可能上涨。

假如在工厂里，可以通过对原料费用进行估算，对人工费用、机器运转进行成本核算，来对产品做出合适的定价。可在IT客户端或服务行业里，本就无法定出准确的价格。成本积累方式

这一概念原本就不适用于IT领域。劳动者通常被置之不理，纯粹以商品的畅销度决定价格和利润。

由于岗位一线的生产力不断提高，将会出现越来越多"跟不上的人"——无法适应新的技术、固守传统做法的老员工，以及因心理层面无法适应导致健康问题的年轻员工。现阶段的强化装备，还没有考虑到每个人作为个体的适应能力。

这样看我们就可以明白，"使用智能手机之类的便捷工具，就可以让工作轻松起来"这一平常让我们感恩的变化，将会是多么具有讽刺意味的现实。假如只有自己才能便捷快速地工作，那该多好。然而现实是，周围的大部分人都武装着强化装备，一天天与自己同步提高着工作的生产力。至于落后者的情况，究竟会变得更轻松还是更糟糕，也很难说。就这样，我们在可怕的强化装备的武装下，日益加速着运转。

尽管从微观上看，强化装备造成了"工作虽在增加，薪资却不见上涨"的现象，但实际从宏观上，它也关系到了非正式员工不断增加的问题。

下一章我们将会提及一些随着人工智能的发展，正在进行中的"尚未被提及的劳动问题和经济问题"。

第三章

"正式员工"的消失
其定义和作用发生了怎样的变化?

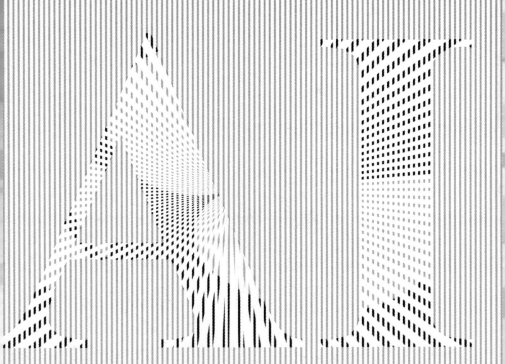

AI

在今后的时代，人类被人工智能和机器人夺去工作岗位，即"AI失业"这一问题，将形成真正的社会问题。而眼下正处于工作消失的前夜。当前，人工智能已带来怎样的变化？今后，又将发生怎样的巨变？对这些问题做出探讨，正是本书的目的。在本章，我想把焦点放在正式员工的现在、过去和不久的将来。

厚生劳动省（日本政府部门之一）基于劳动力调查制成的图表显示，2016年日本全国就业人员总数为5391万人。这项数据调查始于30余年前，即1984年。那一年，日本全国的就业人数仅为3936万人，远远少于现在。

从下一页的图表可以得知，到目前为止尚未发生工作岗位消失的情况。在日本，就业人数始终呈直线上升的趋势。在这32年里，就业人数已增加近1500万。

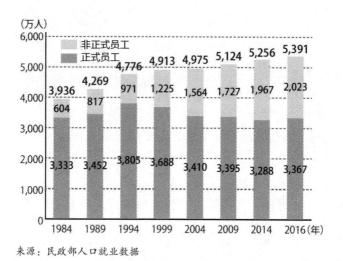

来源：民政部人口就业数据

图3.1　国内就业人数趋势变化图

就业人数之所以会以如此的速度增加，主要是由于两大原因：女性大量进入社会工作，以及老年劳动力的增加。在20世纪80年代，社会的主流还是女性员工婚后立即辞职，回归家庭成为主妇。同时，仍有工作能力的人退休年龄也较早。

那个时代，也正是我以顾问身份开始工作的第一年。当我与客户公司的科长在办公室附近商量事情时，时常可以听到宽大的会议室里传来鼓掌的声音。我抬起头时往往会看到，宽敞的办公室里，额头半秃的老员工们正在接受鲜花——这一天正在举行退休员工的欢送仪式。

当时，大企业的退休时间为55岁生日当天。我突然发现，自己如今早已过了那些退休老员工的年纪，而心里也已冷静地准备好了"还可以工作15年"。以30年这一跨度来看，我们可以再次感受到时代竟能造就如此巨大的变化。

我们可以看一下这项统计当中，关于1984年的明细。当时，在所有就业人员当中，有高达85%为正式员工，而兼职人员、零工以及合同工仅为604万人。

把时间调回到那一年。当时，我还是一名大学生，课余做着各种兼职。当时的兼职内容与现在相比，显然要简单许多：要么收拾一下堆放在仓库角落里的纸箱，要么站在车站通道上，一整天举着活动通知的告示牌，或者在超市的牛肉专柜里一整天吆喝揽客，等等。这些并不需要什么专业技能的工作，一小时薪酬就有600日元。当时就是那样一个时代。

而那些稍微需要专业技能的岗位，或是需要承担责任的岗位，自然有正式员工来负责。在那个时候，这一切都是理所当然的。再看一下之后的统计数据，正式员工人数在1994年达到了顶点，即3805万人。在那之后一直到2014年，这20年间始终呈减少趋势。而就业员工人数的增加，是由于大量聘用非正式员工形成的。到2016年，正式员工占全部就业人员的比例已减少至62%。

◉ 零工、兼职人员的工作难度正在提高 ◉

非正式员工在劳动力市场中的比例提升至这一水准背后，正与上一章中提到的"强化装备效果"有着关联。得益于IT和人工智能的进步，每个人都可以武装上强化装备，完成高难度的、生产力较高的工作，这就是强化装备效果。

可以用这个强化装备效果来解释一下，为什么正式员工不断减少，非正式员工却在不断增加。理由就在于那些需要专业技能的工作岗位和需要承担责任的工作岗位，如今有相当一部分即使没有正式员工也可以完成了。看看现在那些一线非正式员工的岗位就可以知道。

上一章中说过，在便利店里，下订单已是兼职店员们的一项日常业务。零售店发出进货的订单，本质上属于一项责任极其重大的业务。按照以往的常识，这项业务必须由熟练的卖场员工来承担。而正是得益于系统化的发达，一般的兼职员工也可以顺利完成这项业务了。

此外，手机卖场人员的工作也是如此。原本，手机并非像消费者所认为的那样价值仅为0日元[1]。它其实是一种高价商品，通常需要签订两年合约，并支付总额近20万日元的费用。因此，在这项业务中，一定要在签约之际根据法规向使用者解释清楚。

要想在手机签约的时候根据法规解释清楚，避免消费者误解，需要形成庞大而细致的销售流程。也就是说，在过去，这项业务要由经验老到的销售人员来承担。而如今，由于一线手机销售已实现了高度的系统化，即使是刚入职的零工，也可以顺利地签约，完成销售流程。即通过把附带人工智能的IT系统与智能手机和平板电脑等组合在一起，以往那些必须由正式熟练员工完成的业务，如今也可以交给相对较短期间培训出来的零工来完成了。

去年暑假我在美国西北部的山区别墅胜地度假时，就曾遇到过这样的经历。当时，我住在一家大型连锁酒店的小型别墅里。我请那里负责前台兼接待员的员工帮我介绍了餐厅，预约了漂流

---

1 在日本购买手机时一般需要签约购机，手机本身为0元，但在签约期内每月有使用费，需一次性付清。——译者注

项目，还向她请教了开车兜风到附近山脉的路线等许多事情。

当我和这位与自己年龄相仿的员工慢慢熟悉起来之后，才得知她是于两个月前刚刚受雇于这家酒店的。并且，她还是一名首次在酒店行业就业的新员工。可是，我住酒店期间向她询问和请她帮忙的那些事情，全部都是通过她点击手头的机器完成的。就这样，她也可以像一名熟练员工一样，解决我在逗留期间的所有需求。

想想看，只要通过灵活利用旅游信息口碑网站TripAdvisor和餐饮店预订网站OpenTable，外行人也同样可以搞定酒店的接待工作——可以说，这样一个时代业已来临。当然，这也需要在酒店设施充分的前提下。而在原本极需专业技能的服务行业里，也可以通过短期培训使得兼职人员具有战斗力。眼下，正是这样一个时代。

这30年以来，已有大量的工作岗位——涉及范围极广的工作岗位，变成不再需要正式员工的岗位。

——○ 正式员工的业务将转变为研究"成功模式" ●——

　　为什么正式员工的工作岗位会消失？

　　一言以蔽之，由于企业之间的竞争。各个互相竞争的企业，在开展激烈的成本竞争和提高生产力竞争的过程中，势必被迫将正式员工的成本不断置换成非正式劳动者成本。

　　假如使用技术熟练却成本高昂的正式员工作战，在与对手企业的成本竞争上就已经毫无胜算了。因此，如果能在工作流程中招到相对短期即可提高战斗力的非正式劳动者，即可使之进入正式员工的岗位。20世纪90年代以来，这已在大企业中形成一种流行趋势。

　　从对这种做法更具体的分析来看，其结构如下：

　　在现代的工作岗位上，"研究出新的业务成功模式，并使其可以横向开展"才是正式员工的工作内容。

> 在现代的工作岗位上，"研究出新的业务成功模式，并使其可以横向开展"才是正式员工的工作内容。

　　在大企业旗下的业务公司里，"通过某些做法销售产品、提供服务，更能使利润率提高"，研究出这样的成功模式是第一步骤；一旦确立了成功模式，接下来就是怎样在短时间内使用多少非正式员工才能复制出业务模式的问题？研究这一具体内容即为第二步骤；不断打造这一流程，则为第三步骤。这三个步骤，可以在经营者的经营管理上为大企业带来巨大的收益。

步骤一将主要由正式员工承担，他们要逐步摸索出可实现较高利润率的业务模式。之后的步骤二和步骤三，则可通过将少数正式员工才能完成的业务改为大量的非正式员工来承担，实现利益规模最大化的目标。

在这样完成的业务模式中，进行得越顺利，就可以通过越少的员工来运营整个系统了。同一项"业务"还可以在全国各地继续"复制"出经济体系来。现代商务正是以这样的设计思路不断扩大的。

正式员工数表面看似停止下滑的理由

这样看来，正式员工的工作岗位消失和不断变成非正式员工的速度快过统计数据，也不足为奇了。然而，正式员工人数在2014年一度达到最低值后，却又重新开始上升了。

这里面存在着两点原因。首先,正式员工由于有正式的聘用合同,除了自然减少以外,很难人为使之减少。

根据法律,公司是不能随意解聘正式员工的。其根本的理由就在于聘用合同为企业与个人之间签下的长期合同。

企业只要不出现濒临经营危机等极特殊的局面,就必须聘用个人。个人也要为了企业发展而专心工作。聘用合同原本就是在此前提下签订的"40年合同",企业有遵守的义务。

其实,早在我刚刚步入社会工作的20世纪80年代,大企业的"日本式经营规则"中就暗含了这种不在法律性合同内的、不成文的约定,以协调企业向终身聘用、论资排辈及工会组织的经营方向发展。

这其中,第三点用较复杂的经营术语来讲,与"企业内工会"相同。工会组织按欧美的定义讲,应当是一种可以与企业抗衡的大型势力,但在日本的大企业里,工会组织仅为企业员工组成的一般性组织。企业内工会的职能是起到协调作用,目的是在协调经营的同时,兼顾劳动者的权利和企业的利益。

这种不成文的约定包括了以下几方面:

(1)企业要关照从毕业就入职的员工一辈子,员工要为企业付出自己的一生，努力工作；

（2）在企业组织中，随着年龄和经验的增加，所有人都将以同一速度升迁。总有一天薪水会增加，年轻的时候唯有忍耐；

（3）企业就是"一条员工集体乘坐的船"，最重要的是企业本身不能沉没。员工要为了企业团结一致，贡献力量。

这种不成文的约定内容虽未在劳动法规中明文规定，但从20世纪60年代起直到80年代，都发挥出了良好的作用，支撑起了日本经济的发展。

然而，众所周知，这种不成文的约定于20世纪90年代瓦解了。20世纪80年代后期进入大企业的人才们是最不走运的。这些人普遍的状态是：年轻时工作的报酬极低，年纪大了之后工资也不见涨。企业一味追求提高利润，产生的利润却不会返还给员工，基本都给了股东。

到最后，作为正式员工在法律上能保护自己的合同内容，就只剩下"不能因公司原因随意解聘"这一条了。薪水虽得不到增加，却不能随意辞退。而因为这一理由，企业也只能静待一定数量的正式员工在组织中通过退休而逐步自然消失。这一状态，也正是正式员工数量不再下滑的第一点原因。

　　第二点原因则是这十年来，正式员工的含义本身也发生了变化。

　　对比美国就可以得知，在美国并不存在正式员工、非正式员工这样的概念。在那里，更多的是全职劳动者与非全职劳动者之间的差别。在日本，正式员工与非正式员工之间"同工不同酬"的现象业已形成社会问题，而在美国，全职人员同工同酬本来就是理所当然的。

　　在此基础上，日本企业有许多岗位还不断出现了新的动向，开始把正式劳动者重新定义为"全职劳动的廉价劳动力"。

　　这也是近年来大企业极为头痛的现象，原本要由兼职人员、零工人员完成的工作也开始招不到人了。一旦商务运转需要24小时轮值才能实现，保障人手就成了大问题。

　　在少子老龄化社会逐步扩大的背景下，对于大企业而言，慢性的劳动力短缺开始成为最大的经营难题。

> 在少子老龄化社会逐步扩大的背景下，对于大企业而言，慢性的劳动力短缺开始成为最大的经营难题。

　　在过去30年里，随着员工的年龄资历而不断提高薪资的日式聘用习惯渐渐开始土崩瓦解。这样一来，正式员工的成本大量占用经费这一经营风险就小于以往了。

也因此，一种新式的正式员工聘用制度正在流行，即增加了许多可以使之长时间受约束，并承担责任的新型正式员工。

这种情形也有可能走向负面。一旦不能确保招到足够的兼职人员，就将出现有名无实的管理层需要拿出自己的加班费来填补轮值空缺的情况；或是出现在搬家公司搬运过程中发生损坏时，由正式员工头目自掏腰包替公司赔偿的情况。也就是俗称的"黑色公司"现象。保障年轻劳动力一年比一年困难，这一现象构成了社会问题，并全无消失的迹象。

目前的局面或许会让许多人感到颇具讽刺意味。就在工作岗位消失的前夜，整体的工作量却在不断增加。这一切，只因眼下所需的人员尚不能完全转换为人工智能和机器人。而另一方面，工作内容复杂的岗位也会率先消失。因此，那些需要具备技术、经验和创造能力，报酬也相对较高的正式员工将会从社会上逐步消失。

统计数据里正式员工的数字未见减少，是由于薪水不增加、责任却重大的新型正式员工正不断增加。而以往日本随处可见的那种风水轮流转，谁都有机会熬到部长、科长的位置，从而获得高薪的正式员工岗位，将会从现代社会里逐渐消失。

───◎ 标准化流程使正式员工开始非正式化 ◎───

正式员工的工作岗位换上非正式员工这一现象，今后又将以怎样的速度发展下去？要想知道这一点，必须先从技术层面上解释一下以往将正式员工换成非正式员工的历史。

前面说过，在20世纪80年代以前，日本企业里一说到兼职、零工，基本上都是一些谁都能做的简单岗位。当时，在日本通过正规培训和组织性聘用方式使非正式员工也能起到正式员工作用的，只有麦当劳。

当时，麦当劳在日本国内的门店数量有300家左右。每家门店都常年注册了约50名兼职员工，称为"组员"。那时，麦当劳就已在日本诞生了总计15000个新型非正式员工的岗位。

麦当劳将标准化流程这一经营理念带到了日本。以完全相同的品质为客人提供完整度极高的食品，这在20世纪70年代以前的日本国内是难以想象的。当时在日本，菜肴只能由专业的厨师来制作和提供。

所谓标准化流程，是指食品要由麦当劳在工厂里加工成半成品状态，食品制作的用具要保持一定的温度，使用计时器来控制食品的制作时间，兼职店员只要按照手册上的流程标准一步步行动，非正式劳动力一样可以提供服务。

譬如，麦当劳的汉堡类中最容易制作的就是麦香鱼堡。新入职的兼职人员只要先在办公室里观看20分钟的教学视频，再在店里接受老员工的指导，当天就可以制作出麦香鱼堡并提供给客人了。

食品的制作设计成了兼职人员入职当天就可以完成的流程。譬如，接到制作六个麦香鱼堡的指令后，要先从冰柜里取出六块冷冻鱼排，把它们下入预先保持在一定温度的油中。按下炸锅上的开关，它会起到定时器开关的作用。

接着，取出六个汉堡面包，放入蒸锅内，按下安装在上下两部分的蒸锅按钮，这也是计时器。

等蒸锅的计时器响了，取出汉堡面包，将装有塔塔酱的瓶子倒过来对着汉堡面包咔咔按两下，淋上酱汁。每按一次，就会出来一定量的酱汁。

等炸锅侧面的计时器响了，就要把炸好的鱼排取出，沥油。用夹子把它夹到方形底盘上撒盐，铺上事先切成一半的切达奶酪，再把炸鱼排放到一半汉堡面包上，盖上另外一半汉堡面包，麦香鱼堡就做成了。

麦当劳的兼职店员可以慢慢掌握更为复杂的操作内容，那些内容全都被设计成了可以分阶段迅速掌握的操作流程。最终，任何人都能掌握在高峰期内一分钟制作出12个汉堡的技术。为了避免制作汉堡的铁板和铲子等厨具出现磨损，店里的操作内容包括怎样打磨器具、怎样维护等，全部实现了流程标准化。

就这样，整间店铺在设计上都可以提供全世界品质完全一致的产品和服务。自20世纪80年代以来，在日本国内飞速兴起的连锁式餐饮店之所以能得到发展，多少都是因为学习了麦当劳的标准化流程经营模式。这也是在全球范围内扩大非正式员工战斗力的第一个潮流。

有了局域网，不再需要公司内部的人情往来

就在同一时期，白领职场里逐步引入了办公自动化系统。20世纪80年代中期我开始步入社会时，也正是这一系统引入的初期。尽管具体情况可能因各个企业的不同多少有些差别，但到了20世纪80年代后期，之前手写的公司内部资料均开始通过文字处

理机来完成了。所谓的办公操作电子化自此开始，这一系统被称为办公自动化系统。

顺便多说一句，我们把电脑、复印机、传真机之类的机器统称为OA机器，OA即Office Automation的缩写。也就是说，这一时期发生的办公自动化革命的内容仅为在某种程度上引入机器。尽管如此，它仍快速提高了当时白领工作岗位的生产力。

到了20世纪80年代后期，流程标准化与办公自动化这两者结合为公司内部系统，也兴起了IT系统化的热潮。而能够发挥出不亚于优秀员工能力的专家系统，也正是这一时期的流行理念。这被称为第二次AI热潮。

专家系统发展成形的体现之一，正是如今便利店里店员经常使用的下单系统。下订单这一原本复杂的专业操作正是因为有了人工智能的协助，也可以交由兼职店员完成了。

而办公场所里发生的工作革命接下来的一步是20世纪90年代后期互联网与电子邮件的出现。紧接着，出现了仅用于公司内部的封闭式局域网，这也使得企业里的工作方式发生了巨变。

这一点如今的年轻人们恐怕已无法想象了：早前在大企业的办公室里是没有互联网的，电子邮件也不存在。

在那个时代，办公室里存在着一种名为内部邮件的系统。要想与公司其他部门的人取得联系，首先得写封信，把它装进信封，信封上的收信人名单就像我们在餐馆前台登记时要填写的名单一样，然后请在公司内部来回穿梭的兼职人员把它捎给对方。

收到信件、资料以后，对方要在信封上面的收信人上画上横线，以示删除，这样信封就可以重复利用了。然后把新的收信人写在旧的收信人下面一栏里，再把信送出去。当然，有紧急情况时，也可以打对方的内线电话直接通话。这种必然耗费大量时间精力的工作，正是由于电子邮件的出现，才开始骤减的。

这一时期工作生产力上出现的最大变化是可以将IT作为群件系统来使用了。由此，每个人都可以轻松地使用别人所了解的信息。

如今或许很难想象，从前要想打听公司内部某个人所了解的信息，就得晚上特地请对方吃饭，喝上一杯，在酒桌上虚心请教。这样的做法，也是当时身为成年人理所应当的工作礼节。

在那个时代，像"我与某个客户之间发生了纠纷，此事能否请对方某位人士作为关键人物出面周旋一下"或是"这种新型服务项目的定价，应该注意哪些方面"等重要的信息，大多属于私人掌握的范畴。每个工作能力较强的员工都会将信息看作个人的武器、私人的财产。其他的人只能在下班之后，利用"同一批进公司"等私人关系网络，以内部应酬的方式，通过推杯换盏来完成这些信息的交换。

而局域网的出现，使得这一工作结构发生了彻底的变化。每名公司员工积累起的工作信息都开始通过一定规则保存在局域网里。拥有一定权限的员工们可以看到相关资料，因而也能吸收到相关的信息。

同时，得益于群件系统和聊天工具等的进步，资料中有看不懂的地方还可以随时提出问题，并在短时间内收到回复。

眼下，在手机店里签约购机的地方，即使是种类繁多的签约套餐，非正式员工也能轻松掌握那些复杂的销售流程了。这正是因为签约的流程已实现了系统化和群件化。

销售人员只要按照销售系统，基本上都能将产品套餐解释清楚。一旦客人提出的问题中有不明之处，还可以通过电话或聊天工具与中心部门取得联系，向掌握情况的员工咨询。

即使要制定异常烦琐的个人特色套餐，也不会出现遗漏，只需仔细检查系统要求的每个项目即可。甚至，即使发生遗漏，系统也会自动报警，不会使失误进一步扩大化，从而避免出现问题。

工作流程的标准化正是这样一步步得以发展的。在IT系统化的基础上，通过逐步的网络化，以往正式员工经过长期内部培训才能掌握的那些工作内容，如今交给刚刚入职不久的非正式员工也同样可以完成了。这正是时至今日，非正式劳动者发展至占全体劳动者四成的历史过程。

——○ 有了"RPA"，白领的办公处理业务将会骤减 ●——

那么，就业人员的非正式化今后又将以怎样的形式发展下去？在如今备受关注的人工智能术语中，有个词叫作RPA[1]。它是指一种安装在电脑中的程序，可以学习白领的业务内容。

通过RPA实现业务内容自动化的代表之一，正是兼有多个客户端、可以同时做出多个判断并同时进行多项业务操作的办公业务。对此，以我自己每个月月末制作账单的操作流程为例来说明一下。

---

1 Robotic Process Automation 的缩写，意为流程自动化服务。——译者注

前面曾说过，我每个月要撰写16篇专栏和报道。由于撰稿均为个人立场，账单也要由我个人制作。

以某家出版社为例，发给他们的账单里必须写明当月完成稿件的交稿日期及报道标题。因此，制作账单时，需要一面与编辑通过电子邮件来回反复确认，一面在电子邮箱中搜索各封邮件的发送日期和附件标题。

前些年，账单还要通过邮寄的方式发出。邮寄时，不同于现在直接打印出来的账单，要先用Word制作完成后再打印。得先打开邮单文件夹，输入编辑姓名，并在文件名一栏内输入"邮寄账单"，再把它打印出来。

接着，还要打开制作收信地址的软件，将收信人地址打印到标签上。余下的操作还包括将收信人标签贴到信封上、把邮单和账单放入、封好、贴上邮票，至此，整个操作流程才得以完成。

而这一整套流程，完全可以通过RPA软件的学习使之自动化。最基础的业务，即制作邮单的部分，可以使用宏[1]之类的老技术完成。此处，还添加了RPA程序，程序已提前设定好，可以判

---

1 一种批量处理的称谓。——译者注

别出各个操作的不同：发给A公司的账单里仅需标注项目；发给
B公司的账单里要具体包括报道日期和标题名称等。这样，程序
可以根据工作的内容，自动判别出不同的操作。

最近备受关注的人工智能中，还有一种无需设定判别程序，
即可通过机器学习使操作自动化的类型。

假如要制作某些公司的账单，必须打开文件夹填写报道日期
与标题名称时，人工智能便会自动检索邮箱中的邮件历史及所在
文件夹，并自动将之检索出来。

人类办事员通过大脑将信息一个个收集整理制作而成的那些
固定资料，人工智能也同样可以在浏览过后记住，并代替人类
完成。

这个RPA之所以被称为革命性的变化，是因为进行这种自动
化操作已不再需要信息系统部门里的信息工程师了。

在传统的信息系统开发中，必须经过以下三个阶段的操作才
能完成系统：（1）系统工程师弄清岗位一线操作的业务流程；
（2）系统工程师再将自己理解的内容写成理论性的记录资料；
（3）在此基础上，将其编写为程序语言。

并且，由于这项操作并非由日常负责业务的岗位一线员工进

行，往往会在第一、第二阶段中出现问题。信息工程师认为自己已理解的工作内容实际上往往会在细节上出现错误，这些错误到后面才会被发现，然后需要对程序进行修改。也因此，系统开发工作极其烦琐，需要耗费大量的时间。

如果使用RPA，以上三个步骤就可以由人工智能来完成了。也因此，可以通过比之前更低的投资、更短的时间，以及更少的精力减少之前那些耗费在系统开发上的无用功，来实现自动化。

以刚才的例子来说，我在每个月月末都需要耗费30分钟的时间和精力进行自制账单的操作，而这种专门自动化反而可能增加投资成本的烦琐业务，完全可以交给RPA人工智能软件学习。那样，只要通过区区一个按钮，就能实现自动化的操作了。

——◯ 大银行里大规模下岗的背后，隐藏着什么？ ◉——

这一RPA系统将在未来的就业中引起大地震，震源中心就是大型银行。

2018年，在大学生就业中人气一直居高不下的银行的地位竟然出现了下跌。首先一则轰动的消息是，据大型就业信息公司

DISCO的调查结果显示，自该项统计开始以来，连续八年一直高居就业人气榜首的银行业竟跌至第四名，而登上第一名宝座的，正是推进人工智能和金融科技的信息互联网服务业。

对于求职的大学生们来说，之所以会形成所谓的银行的人气神话，其前提条件正在于银行给外界最强烈的印象是它可以保证远超其他行业的高收入。但另一方面，这一行业也具有其负面效应：既消耗身心又缺乏人性化。但在权衡利弊之后，银行职员这类岗位仍作为精英人士的象征而受到大学生们的追捧，这也印证了以往的传统：尽管银行工作在平衡生活方面有些不利因素，但其社会地位一直极高。在过去几十年里，始终是大学生们最为向往的职业首选。

那么，为什么银行的排名会在这一年间出现急剧的下跌？最容易想到的理由，就是2017年三家大型银行先后宣布未来将以各种形式实施大规模的下岗裁员。

各个银行宣布的目标时期和下岗规模略有不同：三井住友银行将在2021年前削减4000个岗位的业务量；三菱UFJ银行将在2024年前削减9500个岗位的业务量；瑞穗银行则计划到2027年为止，用十年时间裁掉19000个岗位的工作人员。

但其实都是在宣布那些消失的柜员岗位将会转型为营销岗位。

　　这对我们经营顾问来讲，耳朵早已听出茧子了，这不过是一种典型的经营高层的说辞——过去，在那些岗位消失的企业里，高层管理者常会有类似的发言。

　　实际上，在国铁转为JR（日本铁路公司）的时候，人事也曾经将剩余的现有员工转换到营销岗位上。在富士通和NEC（日本电气股份有限公司）计划大量关闭工厂的时候，也曾宣布过将剩余员工转型至IT工程师的计划。

　　总之，之前的工作岗位已消失，公司要将员工转换到最能赚钱的岗位上去。然而，即使把现有的员工转换到营销或是IT工程师等"创造性的岗位"上，也并不会具有战斗力。其结果是多数员工无法在新的岗位上安定下来，纷纷选择离职。

　　最能站在这一角度诚实地发布长期计划的，反而是瑞穗银行。只有瑞穗银行明确地宣布业务量削减的结果并非转型至其他岗位，而是直接裁员。因为最终也必将如此，这一点不言自明。从理论上讲，到了三井住友银行、三菱UFJ银行计划当中尚未提及的未来五年后、八年后，他们的高层也必然不得不做出与瑞穗银行同样的行动。

最终，即使今年的就业季里有大学生在求职中设法赢得了竞争，得以进入银行工作，前方等待他们的也必将是大规模的下岗。眼光犀利的学生能够明白其理由所在。最大的理由，正是目前大规模的投资全部集中在了金融科技上。银行柜员的竞争对手业已变成了人工智能，且人工智能的竞争力远远超过了银行柜员。

因此，银行也必然从最受欢迎的职业第一名的神坛上跌落下来。可以创造出金融科技的信息互联网服务一跃成为最受欢迎的职业，出现这一局面也是必然。

而正因大型银行整个企业薪资水准都较高，也必须提前给出长期的预期，对外公布未来十年的下岗计划。

重申一次，所谓的"正式员工"到底是什么含义？

现实中，因RPA导致的办公业务消失的现象不仅会发生在大型银行里，也将会在全日本所有的白领职场里持续发生。那样，将有可能出现正式的大规模就业问题。

因RPA造成消失的岗位都是正式员工的岗位。但从结构上讲，最终出现"AI失业"的却是那些通过劳动派遣等方式入职的非正式劳动者们。因为在需要大规模调整用人时，更容易遭到企业方解聘的绝对是非正式劳动者。

这一局面与20世纪80年代的国铁改革过程何其相似！国铁转为JR业已成为昔日的历史，恐怕很多年轻人并不了解其中的具体情况。当时，国铁背负了37万亿日元的巨额债务，使得这家有着27万员工的大型企业经营难以为继，因此才走向了分割民营化的道路。当时采取的行动大致包括两方面：通过转卖铁路用地，使债务减少一半；通过调整剩余人员，使员工人数缩减至2/3。

当时发生的一件事情，如今大家可以当作笑话听听：就在实行民营化之初，JR的管理层曾经抱怨"裁人真是太难了。现在大家的工作量跟民营化之前相比，全都翻了倍"。而当时，竞争对手私铁的工作生产力已两倍于民营化之后的JR了。所以，也就是说，"国铁时代的生产力仅仅为私铁的1/4"。

也因此，正式员工人数仍多于正常的水准。于是，这些多出来的人就从铁路一线岗位被调配到了周边业务，结果出现了这样一种情形：总部里端茶倒水的是中年的JR员工，车站里新开业的拉面店员是JR员工，咖啡店里的工勤人员也是JR员工。并且，在1987年，这些人绝大多数都是人到中年的男员工。

至少到20世纪90年代中期以前，JR只能依靠员工的自然减少来实现剩余人员的削减。也因此，那些在一般企业里由非正式劳动者从事的业务内容，在当时的JR公司里全都要由正式员工来完成。未来在大型银行里可能发生的"AI失业"，其结果也很可能经历与上述同样的过程。

这里我们应思考一点：所谓正式员工，究竟是什么含义？

从本来的意义上讲，所谓正式员工意即熟练工。不只在制造一线，在白领岗位上也是如此。在一个岗位上经过多年锻炼掌握了技能，不能由他人轻易取代的技术熟练人才，才是职场需要的"正式员工"。

包括对业务特殊性和公司作风的了解、对公司方向的共享、归属团队的集体感、对职场的忠诚度等所有内容在内的熟练工作人员——正式员工在很大程度上应当是这样的含义。也正因如此，企业才会大量招聘应届毕业的新人，对他们进行培养，以维持员工的战斗力。而正式员工的薪资往往保持在较高的水准——企业平均年薪为400万—600万日元，这也是因为长期为企业工作的员工能力相对更高。

如今，就大多数业务内容而言，只要员工入职两周即可投入

战斗。对企业的了解及归属团队的集体感也可通过企业内部的社交网络平台、群件系统等工具来把控。这样一来，就不再需要传统意义上的正式员工了。

如今，企业聘用正式员工应该说已经有了不同的理由。那就是希望保证一定数量的长期而稳定的人才。因此，长期保有一定程度上真正的人才，成了企业需要正式员工的最新理由。

──●传统定义上的正式员工终将消失●──

一家大型纺织公司的老板曾说过，"今后的时代将是这样的：企业由极少数年收入一亿日元的员工和绝大多数年收入100万日元的员工组成"。在这样的企业里，合同员工也将逐渐有成为正式员工的趋势。

也就是说，未来社会里的所谓正式劳动者，将是指薪

> 也就是说，未来社会里的所谓正式劳动者，将是指薪资水准与非正式劳动者同样较低，但在聘用上拥有合同保障的人才。按照同工同酬的趋势来看，这一变化也是显而易见的。

资水准与非正式劳动者同样较低，但在聘用上拥有合同保障的人才。按照同工同酬的趋势来看，这一变化也是显而易见的。

近来，执政党与在野党曾在国会上就日本经济问题唇枪舌剑。执政党一方的政客们坚持强调，目前政绩的成果是"制造了就业机会"和"正式劳动者人数正以数十万计的规模增加"。

当然，想想在野党执政期间日本的悲惨经历，眼下情况的确是好转了一些，这也是事实。可是，对于未来，厚生劳动省使用了"增加就业总人数"和"不断增加正式劳动者"这样的字眼，对此我想应该特别留意。

在未来世界里，有两种类型的岗位将会逐渐减少：一种是薪资待遇相对过高的岗位。只要拼命工作，总有一天能混上科长、部长的位置，年薪水准过了30岁就能达到700万日元，40岁出头就能到手1000万日元——这样的岗位总量必将逐渐减少。这种传统意义上的正式员工数量占整个就业人数的比例最终将减至个位数，而绝大部分都将消失。

还有一种岗位，从长期来看，必将减少的会是全职型的就业人员。从短期来讲，目前招不到人手还是最大的问题。从公司的角度，当然希望尽量招到全职为自己工作的人员。其中，还包括黑色公司这种让员工超负荷工作的企业：每周不止工作40小时，而要达到60小时；每年不止工作2000小时，而要达到3000小时。

　　然而，劳动力短缺这一状况反过来又会催生出RPA等技术革新。总有一天，当人工智能彻底掌握了工作内容、提高了效率之后，白领职场所需要的人数总量也必将减少。

　　那样就会导致失业率上升，厚生劳动省也将因此而一筹莫展。那么，接下来要推进的就是分享岗位了。这种办法就是当工作岗位总量减少以后，一个岗位只能分给多个员工来完成了。

　　尤其是今后老龄人口也必将不断地劳动。这是因为养老金的财政来源有限，而老龄人口数量又逐年增加。因此，就业人数在未来必将持续增长。

　　事实上，看到最近的统计数据，就可得知当前已经发生了这样的情况。自2011年以来，劳动分配率呈直线下降趋势。这一数据表明，相较于将赚到的金额分配给劳动者所占的比例，企业用于电脑在内的设备投资上的比例正不断增加。

> 　　尤其是今后老龄人口也必将不断地劳动。这是因为养老金的财政来源有限，而老龄人口数量又逐年增加。因此，就业人数在未来必将持续增长。

　　并且，尽管整体就业人数连年增加，人均劳动时间却呈持续下降的趋势。

　　正因为这样，传统意义上的正式员工消失、全职岗位消失现象，已经开始了。

第四章

日本"按规聘用"的观念将走向末路
要"AI 失业",还是要 AI 落后国?

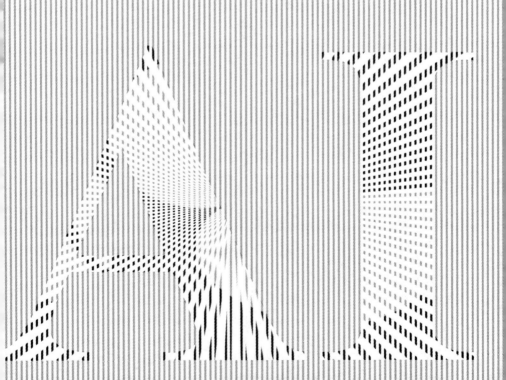

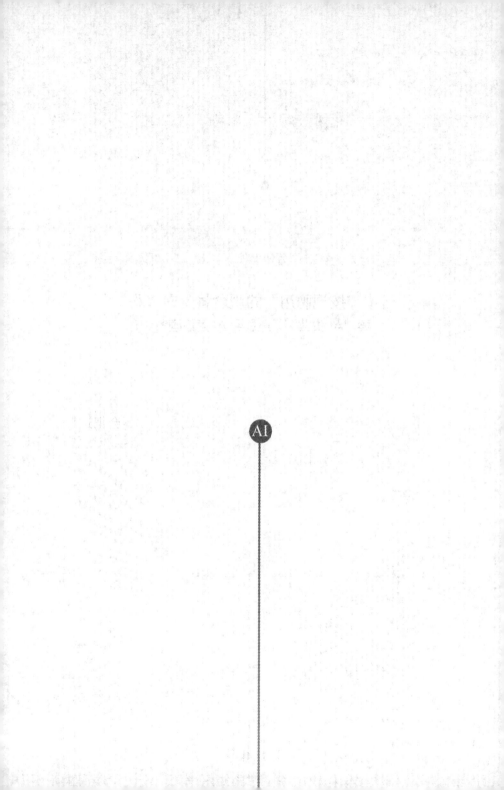

——●自动驾驶汽车即将带来的岗位消失倒计时●——

据说，由于人工智能与机器人技术的进步，未来20年内人类有一半工作岗位都将消失。可是，眼下大多数人并不会把这一警告当回事，他们都认为"那还是未来的事呢"。更多的人则觉得，在日本，劳动力短缺才是经济上的大问题，假如人工智能可以帮忙完成，我们当然欢迎，可这样的事情目前还是痴人说梦。

然而，工作岗位消失的局面也许很快就会到来。2022年，全世界的国家都将因岗位消失面临"AI失业"的危机，这一点也将首次成为较大的社会问题。

而扣响这一扳机的，将是自动驾驶汽车的出现。

前面说过，雷诺—日产联盟已宣布将在2022年推出L5等级的自动驾驶汽车，这种汽车可实现在一般道路上的全自动驾驶。通用、奔驰等世界大型汽车厂商也正向同一目标展开激战。

从目前的研发状态来看，2022年全世界第一台全自动驾驶汽车面世，并不是"预测"，而是业务蓝图中已经定好的一项"具体实施计划"。

对此，日本国内的运输行业是最期待的，他们也为这种自动驾驶汽车的面世提供了最大力的支持，其理由显然在于劳动力的短缺。

如今，日本经济的恢复速度虽然缓慢，却也在长期稳定增长之中。而即将成为经济恢复景气瓶颈的，正是物流环节。物流行业向来缺乏人类劳动力，苦于招不到人手。

招不到人手的根本理由在于少子老龄化导致了全社会缺乏年轻的劳动力。同时，与其他工作相比，其艰苦的劳动环境也堪称一大难题。尤其是搬运环节的劳动异常辛苦，在快递和搬家领域也出现了明显的停滞状态。

由于"快递危机"，雅玛多运输已大幅提价，而马上又要发生搬家危机了。据说，在新年度[1]开始的搬家旺季里，由于搬家工

1 在日本，学校和企业里的年度均始于4月1号。——译者注

人严重短缺，造成了许多面临入学或工作调动的人到了四月末仍然收不到行李，人称"搬家难民"。

面对这些问题，运输行业率先使用了自动驾驶汽车，大力投入业务改革。他们并未坐等2022年自动驾驶汽车的推出，而是计划首先在高速公路上进行以载人卡车牵引无人卡车的运行实验。

对于物流行业、运输行业来说，四年以后，自动驾驶汽车的面市将成为整个行业的救世主。可以说，从那一年起，他们将可以通过投资设备来弥补人员短缺的问题。

此前，长途运输公司所使用的是每台价值1000万日元的卡车，即使全自动驾驶卡车高达1200万日元一台，总成本仍然可以降低。

我们可以来计算一下，假设在那些以长途运输为主要业务的运输公司里，一台价值1000万日元的卡车可使用五年后再报废，那么，年均经费支出即为200万日元。此外，还需聘用两名司机，每人年薪为400万日元，即人力成本总额为800万日元。使用一台卡车每年需要总计1000万日元的经费支出。

而使用自动驾驶卡车就不再需要人手了。即使做同样的工作，一台1200万日元的自动驾驶卡车每年的成本包括折旧费在内也仅需240万日元。也就是说，对于运输公司来说，只要购入新型的卡车，成本瞬间就能下降到1/4以下。

一旦对手公司率先引入，其他运输公司也势必要跟进，同时换上自动驾驶卡车。不然，就无法在成本战中取得胜算。

在长途卡车、巴士、的士这类无需司机即可使成本骤降的行业里，更换自动驾驶汽车的趋势会一下子同时出现。不止在日本，在美国、欧洲、中国、俄罗斯等所有的发达国家、发展中国家里，都会掀起自动驾驶汽车的需求狂潮。

──◉ 即使岗位消失也不会出现"AI 失业"的秘方 ◉────

最终，必将发生极大的社会问题——全世界的职业司机都将同时失业。

在日本，从事长途卡车、巴士、的士这三种行业的劳动者总数为123万人。这一数字不但包括了快递、搬家等运输环节，也包括了占快递业务量比重较大的劳动环节。

假如这123万人同时失业，将发生什么？无疑必将发生极为严重的社会问题。当年发生了雷曼事件[1]之后,不再招收派遣员工之举业已成为社会问题,而此时将出现的问题又会远超雷曼事件。

这123万人的数字也足以引起政客们的恐慌。在选举中,以运输为业的人员这123万反对票,不,还应当包括其家人亲属在内共250万的反对票,如果全部都投给了执政党,显然,政权也就难以维系了。

而政客与官员们又将如何解决这一问题呢?

最简单的解决办法就是出台法律规定"凡是从事卡车运输、的士运输、巴士运输等相关行业的汽车,必须经过登记,车上至少要配有一名驾驶管理人员"。这样一来,职业司机就不会出现个人失业的情况了。

如此这般,岗位消失作为一种社会现象,并不直接等同于"AI失业"。对于汽车,只要从法律上制定出"禁止自动驾驶"的规则,即使专业司机的工作岗位面临消失,也不需要在宏观上讨论失业的问题了。

● 1 雷曼事件:2008年,美国四大投资银行雷曼兄弟由子投资失利,在谈判收购失败后申请破产,引发了全球金融海啸。——编者注

当然，对于仅需要坐在汽车上、工作内容明显轻松起来的司机们而言，薪水相比以前也会出现下降。司机个人或许会面临困难，整个运输行业却不再会面临困难了。只因业务内容异常轻松，"只要坐在驾驶座玩玩智能手机即可"。这样一来，招聘司机的环节将不再遇到困难。不论是年轻人还是老年人，都乐意去尝试一下，因此人们纷纷主动应聘。

只需坐在汽车上，就能今天去福冈，下周去札幌，接下来去四国。这种在日本全国周游的长途卡车司机工作，可以一边领着薪水，一边在国内旅行，舒服程度不亚于航空公司那些员工，毫无疑问，其职业人气也将大涨。

可是，这样的"驾驶管理者"即使坐在了车上，又有什么意义呢？

在美国，曾经发生过一起令人悲痛的事故，这一事故也相当发人深省。

●Uber（优步）给自动驾驶测试车辆带来的冲击●

2018年3月18日，在美国亚利桑那州菲尼克斯地区近郊公路上，一辆正在进行自动驾驶测试的Uber自动驾驶汽车撞死了一名横穿马路的女性。这是自动驾驶汽车开始测试以来，首起撞死行人的事故。

Uber首席执行官达拉·科斯罗萨西形容这次事故为"极其悲痛的消息"，并表示了遗憾之情，向家属进行慰问以及对警方配合。

Uber作为最大的网约汽车公司，看准了即将到来的自动驾驶汽车时代，计划自主研发自动驾驶系统，面向汽车厂商销售，并以这一战略为业务蓝图，正在不断地描画之中。

这一领域里的领军企业是IT大公司谷歌。Uber也紧随其后，在法律上允许自动驾驶汽车测试的亚利桑那州开始了测试。目前，在美国拥有同样法律的州中，共有1000余辆自动驾驶汽车正开展测试。

由于发生了这起事故，警方公布了事故当时行车记录仪拍下的视频。通过视频我们可以发现，要想将自动驾驶汽车引入实际应用，还有三个课题亟待解决。

从视频中可以看到，这起事故发生在美国的城市郊外，就在那种常见的以行驶汽车为主的宽阔公路上。那里类似于日本郊区的主干道路，但照明没有日本的公路多，红绿灯和斑马线之间的间隔也相当远。

从视频中可以清楚地看到，这起事故中的行人当时正打算横穿马路。在这条几乎没有路灯的宽阔公路上，她徒步推着自行车，突然出现在了主线方向上。

从记录事故发生瞬间的视频可以看到，黑暗当中汽车前灯捕捉到行人的身影突然出现，是在撞人前一两秒那一刻。当地警方发言称，"即使由人类驾驶，恐怕也是难以避免的"。

自动驾驶汽车的研发课题中最常被提及的一点，就是不可能将因行人引发的事故降低为零。这起事故本身的确是一起不该发生的事故。正如后面提到的，它有着可以充分避免的可能。然而，我们也可以设想出许多比这起事故更难以避免的情况发生。

举例来说，假如有年长者在高速公路上逆行，未来的自动驾驶汽车在发现前方出现逆行车辆时，想必会采取停进路肩的应对办法。可是，这辆停下来的自动驾驶汽车，一旦遇到正面有人类驾驶的逆行车辆行驶过来，就极有可能发生相撞事故。

再假设与汽车公路交叉的高架桥上，由于某些原因有人掉下来时，又该怎么处理？掉下来的原因是自杀还是事故暂且不论，但要

躲避突然从上方跌落下来的人，恐怕自动驾驶汽车还难以做到。

在日本，也曾有过类似这起事故的情况：曾经有一名骑自行车的男子正要急速横穿过宽阔的公路时，被一辆避之不及的汽车失控撞死。

当时，撞人的汽车司机并未被起诉，反而是突然横穿马路的骑车男子遭到了起诉。这一事件一时间成了热门话题。在限速每小时50千米的公路上行驶期间，一旦有时速30千米的自行车闯红灯横穿时，自动驾驶汽车能否成功停下来，尚不得而知。

总之，这些即使有人类驾驶也难以避免的事故，即使换成了自动驾驶汽车，发生概率也不可能完全为零。而自动驾驶汽车究竟能将事故降低到何种程度，这才是首要的课题。

第二个课题则是目前还存在着这样的观点：这起人类也难以避免的交通事故中，假如Uber的自动驾驶汽车上安装的机器正常发挥了作用，本应可以避免。

发生事故的Uber自动驾驶汽车上装有光学摄像头、雷达以及红外线镭射这三种传感器。

据说，其中的光学摄像头功能类似人眼，在漆黑的夜路上要捕捉到正在前方横穿的女性或许比较难。而雷达主要用于观察前方的拥堵情况，也很可能无法发现突然横穿前方的对象物。

然而，红外线镭射正是专门探知这一类对象物的传感器。它十分擅长在黑暗中探知对象物。另外，当天也并非红外线镭射难以发挥作用的雨天。若是红外线镭射的功能正常，却没有发现这名横穿的女性，那实在是有些不可思议。

从理论上讲，这一红外线镭射或许由于故障等原因失灵，抑或是对于红外线镭射所检测到的信息，人工智能做出了"没有问题"的判断。总之，这两者中的某一种缺陷最终导致了这起交通事故的发生。

我们应当仿照航空飞机上所使用的避免事故的故障安全装置，将程序设定为：出现故障时，红外线镭射可以控制自动驾驶汽车，使之无法行驶；检测到某种异常时，至少可以使汽车减速，或是使其停下来。这里似乎不应完全依赖于人工智能的学习程序。

也就是说，有种观点认为，从根本上讲，这次发生事故的车辆作为测试汽车，还存在着缺陷。目前要面临的课题是：是否应在这样的缺陷基础上开展公路测试？今后又该采取怎样的思考方式？

　　还有第三个课题。从视频中可以看到，这台Uber测试车辆的驾驶座上，其实还坐着一名测试管理人员。此人本应坐在驾驶座上监视着前方，在即将发生事故那一刻踩下车闸，并控制方向盘，可是，在公开的视频中可以看到，行驶过程中这名男子的眼睛并未看向前方，而是多次看向了下方。记录仪的角度看不到下方究竟有什么东西——在他膝盖附近放着某种计算的机器或是一台智能手机，具体不得而知。总之，此人的注意力并不在前方，而是下方。

　　就在撞上行人之前，男子视线转向前方的那一瞬间，发生了交通事故。视频也正停在了他脸上出现震惊的表情的那一刻。

　　假如自动驾驶正式推出后，法律上规定"驾驶座上必须有人来管理驾驶"，届时，也许会不断冒出不看前方、行驶中只顾玩手机的管理者。而在这种情况下发生的事故，究竟应该由谁来承担责任？这正是第三个课题。

——◯ 今后自动驾驶汽车引起事故时，将会怎样裁决？ ◉——

　　由于这次Uber事故，也有一部分人提出："要把自动驾驶汽车导入实际应用，恐怕并不现实。"他们的意见是，一旦推出自动驾驶汽车，迟早会引起死亡事故。届时将不得不面对强烈的舆论反对，这项业务也将无法继续开展下去。

在人情牌基本行不通的诉讼之国——美国，这一社会问题或许将被诉诸法庭。但民众也将提出大量的意见，最终也将得到解决，必将形成一种对社会合理的规则，并在这一规则之下，逐步开展自动驾驶汽车业务。

但问题在于，在日本，这种情况势必会发展成一桩长期的诉讼案。当事人及其支援团体必将与政府部门和汽车厂商之间形成势同水火的对立关系，其深层根源正在于怨恨。

它也将与以往的公害案、噪声案、药害案、核辐射案一样，成为日本社会无可避免的问题。

从理论上看，由于自动驾驶汽车的出现，汽车事故也必将骤减。根据警察厅公布的结果，2017年一整年，日本交通事故的死亡人数仅3694人，为历史最低。与1970年前后人称"交通战争"的时代里一年造成16000余名死者相比，交通事故导致的死亡人数明显减少。

而一旦出现了L5自动驾驶汽车，届时公路上行驶的汽车中将

有95%为这种自动驾驶汽车，那么，由自动驾驶引起的死亡事故数量想必会减少到两位数以下。

可是，这里还存在着一个问题：当自动驾驶汽车发生了死亡事故，而乘车者又不对驾驶负有责任时，这一责任究竟应由谁来承担呢？

最为合理的看法是，汽车公司可以在销售自动驾驶汽车时，预先向用户征收汽车保险费用，使之强制加入保险。一旦发生事故，即可对此做出赔偿。这样的构想，也很容易被接受和理解。

因此，可能会需要一笔较大的财政来源。就日本的汽车保险市场规模而言，收入保险费用约为四万亿日元。基于这项财政来源，一年间总共对47万起交通事故进行了赔偿，也包括3694人的死亡事故在内。而当自动驾驶汽车彻底普及之后，事故数量应当会减少到1/10以下。那样的话，未来或许仅需使用自赔责任保险这一项财政来源，就能对所有的交通事故作出赔偿了。

只不过，这里又有可能产生一个新的问题：因设计和制造上的失误导致事故多发的情况，又该如何处理？

汽车零件厂商高田（TAKATA）就曾因气囊设计上的失误，背负了超过一万亿日元的债务，造成了第二次世界大战后最大的制造业倒闭案。

假如某个型号的自动驾驶汽车被发现因软件设计上的失误引起了大量的意外事故，又该如何处理呢？当然，厂家的解决办法可能是召回汽车，更换车上的人工智能系统。

然而，一旦因此造成了超乎预期的死亡人数，又该怎么办呢？对于这种情况，所有的汽车厂商又应如何处理呢？

为了防备这种情况的发生，汽车厂商应当还会加入一种不同于一般保险的损失保险。最终，像劳合社保险公司等全球级别的保险集团，将会承接这种再保险业务，并形成一种机制，以降低那些难以预测的金钱风险。

也就是说，某种经济赔偿机制可能会在目前的全球经济机制中逐步构建起来。

可是，最终还剩下一个问题——人类的情感问题。在自动驾驶汽车所导致的死亡事故中，家属的愤怒又该向何处发泄？是该诅咒汽车厂商，还是该认为人工智能才是杀人凶手？

或者，可以在法律上做出硬性规定：自动驾驶汽车上必须乘坐驾驶管理人员。并在此基础上，要求事故发生时偶然坐在车上的当事人必须承担刑事责任。

本来,因信赖自动驾驶而坐在驾驶座上的人也会因事故的发生产生产生心理阴影。可以说,他也是受害人。这一问题也终将在日本形成极大的社会问题。要得到解决,还需要花上数十年的时间。

——◎ 要"AI 失业",还是要 AI 落后国? ◎——

我们把话题重新回到"应容忍工作岗位消失,还是应通过法律防止'AI失业'"上来。正如前面所讲的,对于因人工智能的推进导致司机岗位消失的现象,也可以通过法律硬性规定"运营专用的汽车在行驶时必须配有管理人员"来避免"AI失业"的出现。那么,这又将给整个社会、给整个日本经济带来怎样的影响呢?

要想研究该如何解决这一极具日本特色的问题所带来的影响,日本国内曾有过一个极其类似的法规执行先例,可以用来参考。那就是以Uber为代表的网约车APP在登陆日本之际所实行的规定。

在美国本土,Uber和Lyft(来福车)等网约车APP早已取代了街头极难打到的的士,通过智能手机叫车已成为一种非常常见的行为。网约车司机全都是一些住在附近、有时间也有车的普通人。打车费则可以通过APP上的交涉来确定。只要不是过于特殊的时间和地点，其打车费通常都会比打的士更低廉。

在中国，一家名为滴滴出行的公司也提供了同样的服务。这项服务在中国国内的需求也在不断扩大之中。

然而，这样的网约车服务却在日本国内受到了严格的限制。具体来讲，一般的私家车以拼车形式载客的行为被称为"黑车"，受到禁止。因此，日本国内的Uber除了在一部分人口过少的区域以外，只能约到的士或是包租汽车。而由于只能约到的士，Uber在日本就沦落到了无人问津的地步。

问题是，这样的做法是对的吗？

据说，在旧金山，由于Uber的出现，乘客的需求量与之前仅有的士时相比竟高达五倍。这意味着在过去受到的士数量和高价车费限制的时代里，人们只能放弃打车。而这项潜在需求竟然有五倍之多。

另一方面，由于Uber的崛起，美国的出租车行业也开始出现经营疲软的状态，其影响甚至波及租车行业。在美国，不少人到较远的城市出差时，需要乘坐飞机，而到了当地，则会使用租车来代步。可是，这类出差一族由于Uber的出现，不再使用租车服务，而只需通过Uber，就可以事先安排好当地的出行了。

这一变化也是必然的。以往，傍晚或深夜到了机场就要先办理租车手续，再到酒店里办理入住；第二天自己开着租来的汽车到客户所在地办完事，再开车回到机场。这一整套流程下来，使用Uber显然要比租车便宜得多，也不需要在机场办理租车的签约手续。

那么，出租车行业究竟应在与黑车的价格竞争上尽显疲态，还是应任由租车服务被Uber取代？这一点，我想作为行业政策仍有研究的余地。但由于阻止了Uber的登陆，日本经济错失的已不仅仅是潜在的需求了。

美国以及中国，如今都争相将Uber作为基础设施之一，力图使整个经济转变为共享经济模式：通过将之前未能有效利用的资产以共享的形式盘活起来，使整个经济焕发出新的活力。

据说，Uber已设想到2022年全自动驾驶汽车问世之后，全社会有九成的汽车都将退出历史舞台。实际上，全美Uber在册的75万名司机正致力于接受职业培训，目标则是一旦失业仍可再次就业。

在理想社会中，自动驾驶业已实现，汽车数量将相应减少，能源的消耗量也将相应得到控制。而与之相对的是通过Uber叫了车之后，等候在附近的自动驾驶空车就会马上驶来，并能以相对低廉的价格把你送到想去的地方。

通过新型的技术，构建起新型的环保社会——这是一种更为方便、资源效率也更为良好的社会，这一形式也将瞬间普及到全世界范围。根据《巴黎协定》规定，国际上已将二氧化碳减排定为全社会的目标，无疑，这样的社会也将是非常值得期待的发展方向。

而反过来，坚持对Uber限制的日本则将被这场全球经济的活力无情地抛弃。今后，日本社会必将因大量汽车排放二氧化碳而受到国际社会的批评，也极可能沦为一种在旧有技术上固步自封的经济社会。

━━━◇ 水面下进行的"AI 医生"研发 ◆━━━

自动驾驶汽车之后，紧接着就是人工智能的知识型工作者登场了。那么，这种高度专业的岗位又会在什么时候面世呢？

第一章中曾说过，像律师、会计师、医师这些需要高度的专业知识、高智商头脑的工作岗位，被人工智能替代的时间很可能来得要比预期早得多。

前文曾介绍过，中国目前正在进行人工智能医生的开发。当前开发的目标主要包括诊所医生和内科医生的工作内容，而并非外科医生或牙科医生那种需要人与机器人合作完成的领域。内科的工作，只要有护士和医疗器械协助操作，就可以完成一系列诊断和治疗了。它也是最适合率先开发的领域。

要想让人工智能完成这种医生工作，就需要拥有与谷歌的阿尔法狗和IBM的沃森同等程度的强AI。研发目标就不止是战胜专业围棋棋手和控制汽车安全驾驶那么简单了，研发者需要面临的难度将会更大。

譬如，AI需要从初级阶段，诸如"感冒""头部抽痛""腹部钝痛"等症状开始学起。正如2012年的谷歌人工智能可以分辨出猫一样，AI也需要从"喉咙痛的人"和"喉咙不痛的人"之间存在何种差别这一阶段开始学起。

尽管如此，人工智能医生在学习过程中成长的速度还是要远远快于人类医生，学习教科书的速度也会快于人类，能够记忆的知识量也会大于人类。想想看，人类医生要在大学里学习六年，然后作为实习医生，在大学医院等地参与临床实践。至少从积累知识和经验的意义上讲，强AI获得经验的速度远远要快得多。这一过程中，它还能做到分身有术，同时在多家医院开展临床实地诊断。

当然，人工智能阅读医学论文专著的速度也更快。只要通信设施足够完善，它就可以参加全世界举办的所有场次的医学会。人类医师通常需要通过制药公司的销售代表来获取最新的治疗手段和信息，而人工智能获取最新医疗信息的速度也要快得多。

进一步从硬件性能上讲，人工智能医生还可以利用人眼所不具备的红外线感应等手段。在需要观察患者脸色做出诊断的时候，一边观察皮肤下面血管的状态，一边诊断病症。

可是，彻底实现人工智能医生的应用还需要数年的时间。即使现在开始正式投资，也不可能今年或明年马上就诞生出人工智能医生。但别忘了，人类医生要取得医师资格也需要六年的时间。

但是，一旦有掌握了医生能力的人工智能诞生，就可以在各种各样的医疗一线进行下载或是复制了，还可以利用云系统上的医生功能进行诊疗。

实际上，患者到那些完全不配备医生的医院或诊所里就诊时，操作一律要由护士来完成。护士们会让患者面向人工智能医生的镜头坐下，通过合成声音完成问诊。

测体温、使用听诊器听患者的胸部等，都是护士的工作。只要有了这些患者的信息，最重要的诊断仍要由人工智能来作出："不用担心，应该只是感冒。给你开点儿感冒药，静养一两天吧。""B型流感检查结果为阳性，需要请假一周接受治疗。不能上班，以免传染到其他人"等等。人工智能医生可以根据症状和数据，给出诊断和治疗方法。

当然，也有些情况需要这样处理："现在还有一种可能，或许因脑部血流被血栓堵住了，才出现了这种特殊的症状。需要做CT进行细致的检查。给你介绍一家大医院，你可以到那里去就诊"等等，即人工智能医生遇到无法诊治的状况时，会将患者介绍给专业的医生。

总之，眼下那些诊所医生所进行的诊断和治疗，在不久的将来，极有可能被专业型人工智能取代。可是在日本国内，首先，毫无疑问的一点是因这种人工智能医生的出现而导致"AI失业"

的情况并不可能发生。

其理由就在于日本医师协会的政治力量过于强大。日本医师协会是一家以诊所医师为主的团体。因其投票能力极高，政治家们也无法轻视该协会的力量。

即使诞生出人工智能医生，其诊断能力也远高于人类医生，日本国内也会出台法律规定，最终的诊断结果只能由人类医生给出，处方也只能由人类医生开出。

在第一章中我们也曾经说过，现在正在推进最尖端人工智能医生研发的国家是中国，推进研发的主体为大型保险公司。他们已投入一万亿日元规模的预算推进这项研发。其理由是如果按现有趋势发展下去，中国的医疗保险制度终将崩溃。为了避免这一情况发生，能够采取的手段就是预防。所谓疾病，最好就是在预防阶段和初期阶段让患者顺利就医，从而防止病情恶化，以对病情发展形成控制。

但从保险公司的角度来看，为了降低医疗相关的保险成本，国民们最好不要就医。

而解决这一矛盾的简单办法，就是人们不必去医院，只要对着智能手机说出自己的症状，就可以知道病名，并开出处方了。

这种方法一旦普及，医院也说不定会门庭冷落起来。对于保险公司而言，需要支付的医疗费用也必将急剧降低。

从中国的具体情况来讲，只要国家下令就能做到普及。因此，年轻人不必去医院，只需通过人工智能诊断出治疗方法。需要去医院的就只有那些上了年纪、必须做手术的老年人了。这样，在某种意义上可以形成效率较高的分诊医疗体制，使国家升级为医疗制度不会崩溃的医疗发达国家。

这样看来，在这一领域里，中国的医疗系统必将运转良好，国民将能实现健康幸福的生活。而日本却会因国民的老龄化导致医疗保险制度面临崩溃。在医疗方面，二者的情况不但会发生逆转，还极有可能进一步拉大差距。

"AI 失业"将会给日本经济带来怎样的冲击？

今后不久的将来，在自动驾驶汽车推出之后，全世界还将有 AI 医生、AI 律师、AI 会计师等接踵而来。每出现一种新事物，日本政府都要忙着禁止与之相关的新产品、新服务。

即使这样的做法可以保护就业免受冲击，却也不能避免日本就此沦为人工智能方面的落后国。

最应对这一问题进行根本性讨论的时机，其实正是眼下。人类的岗位是否真的不应该消失？

假设专业型人工智能按照现有趋势发展下去，行政办公岗位和从事脑力劳动的专业岗位都将不复存在，那么，整个就业人口恐怕要有一半岗位都会面临消失。

另一方面，假设夺去人类工作的人工智能所需的引进成本仅为人工成本的1/10。在此前提下，这种岗位的消失又会在多大程度上造成日本的GDP（国内生产总值）减少呢？

> 假设专业型人工智能按照现有趋势发展下去，行政办公岗位和从事脑力劳动的专业岗位都将不复存在，那么，整个就业人口恐怕要有一半岗位都会面临消失。

2017年日本的GDP约为544万亿日元。由于只能通过概算，请允许我使用这种粗略的计算方式。劳动分配率70%用在GDP上，假设这一数值为全日本的用人成本概算数值，即约380万亿日元。而其中一半的岗位即将消失，换成成本仅为1/10的AI。在此前提下，从概算数值来看，GDP大约会减少170万亿日元。

人工智能带来的"AI失业"一旦蔓延开来，GDP也将面临骤减。可以把这种即将带来的冲击程度想象为"我们的年薪要比目前水准少三成"。年收入400万日元的家庭收入将会降至280万日元。

即使GDP以这种规模骤减，依然能实现经济增长的只有那些可以向全球市场出口的AI大国了。美国和中国瞄准的，正是这种AI大国的地位。

而日本如果通过法律强行禁止引入和进口人工智能，又将怎样呢？恐怕经济规模将会逐年缩小。当然，GDP倒不至于减少170万亿日元那么多。或许那时日本将变成温水煮青蛙式的经济社会。这一比喻应当众所周知了吧：把青蛙直接放到热水里煮，它会马上跳出来逃走；而把青蛙放到温水里慢慢地加热，它就会渐渐死去。

今后日本经济中，因新型AI造成的工作岗位消失现象，将会以每年100万份的速度推进。这并非一时的现象，而是每年都将新增100万人失去工作岗位。

面对这一现象，我们的解决办法将是从法律上禁止这种工作岗位消失。汽车行驶时，必须有汽车驾驶管理人员；诊断病症时，使用AI的必须是医生；AI做好的土地登记资料上，必须由代书士按上印章。

最终结果是，禁止因RPA带来的办公业务削减，在保障全体国民的工作量上变得至关重要。因此，法律上也将明文规定，办公操作一律要由人类的办公人员来完成，而并非AI。

这样，就会保留大量附加值较低且内容无聊的工作。至于这样的人生是否快乐，我们暂且不论，但这种方法作为劳动政策，想必会有奇效。当然，由于业务内容仅限于跟进人工智能的工作，那么，律师也好，医生也好，会计师也好，年薪难免都要有大幅的下降。但尽管如此，通过把工作留在人类手中，GDP的减少仍可以控制在30万亿~50万亿日元。恐怕大多数官僚和政治家们都会认为，这样才算是相对较好的未来吧。

AI 要与人类"同工同酬"

然而，这里我们应该思考的一点是，除此以外，果真没有别的选项了吗？

GDP减少170万亿日元的未来与GDP减少50万亿日元的未来，哪一种更好呢？如果认为这是一项二选一的问题，我们就会做出这样的判断：通过法律来禁止人工智能对工作岗位的侵占，把GDP减少控制在50万亿日元以下的政策显然更好。

可是，理论上其实还存在着更好的政策。人类当前应探讨的正是这样的政策。

大家可以站在更高的角度上俯瞰一下全局。从现在到10～20年后的未来，届时，人工智能和机器人将会完成人类一半的工作。

也因此，人类的劳动时间也将减少到现在的一半。一天工作四小时、一周工作五天，或者一天工作十小时、一周工作两天——这样的情形将会变得普遍起来。一个全新的时代即将到来，人类的闲暇时间将剧增。我们可以利用这些闲暇时间，讴歌这种历史上前所未有的人生。

> 也因此，人类的劳动时间也将减少到现在的一半。一天工作四小时、一周工作五天，或者一天工作十小时、一周工作两天——这样的情形将会变得普遍起来。

人工智能替我们人类担起了一半的工作量，但整个日本经济诞生出的附加值总量并未发生改变。经济仍将保持与现在同等的规模顺利地运转下去。正如手冢治虫当初在漫画《铁臂阿童木》里描绘的那样，未来社会里机器人和人工智能将与人类共同存在，共同繁荣。

　　为了实现这种幸福的未来，经济学上的条件又是什么呢？那就是要向国民提供等同于GDP所减少的部分，即170万亿日元的基础收入。以生活基础收入的形式，把年人均基础收入约140万日元提供给每个国民。那样，即使劳动时间仅为现在的一半，也可以保持与现在同等水准的生活。

　　问题是，这170万亿日元的财政来源从何而来？不用说，让日本银行开动印钞机，印出170万亿日元纸币之类的解决方案就不用讨论了。如果果真那样做了，只会发生超级大通胀。

　　目前，日本仍面临的养老金和医疗财政缺口达几万亿到十几万亿日元，而想要创造出比这一数额还要高的全新财政来源，即170万亿日元，看起来毫无头绪。可是，眼下我们应思考的是，要想实现这一巨大基础收入的财政来源，需要彻底转换一下思维。

　　我在很早之前就提出过，对于这一问题的解决办法是使人工智能与人类同工同酬，用人方也要向人工智能支付薪水。人工智能仅用了不到1/10的成本就夺去了人类的工作岗位，因此使得经济规模变小。既然自动驾驶的士夺去了的士司机的工作岗位，国家也可以向的士公司收取同等的金额。

譬如，假设的士司机平均年薪为400万日元，每小时工资为2000日元。那么，对于无需雇佣人手的自动驾驶的士，的士公司也应按每小时2000日元的水准向国家支付金额。

这样一来，人工智能驾驶的汽车就在成本上与的士司机驾驶的汽车一致了。人类就可以与人工智能在同等水准上开展竞争。

除的士以外，在其他人工智能夺去人类工作的岗位上，都可以将人工智能的劳动换算成金额，由国家来征收。这样，在人类工作岗位被人工智能一一夺去的同时，国家也可以获得巨额的财政来源。

假设人工智能夺去人类一半工作岗位的那一天来临，只要我们保持这种思维方式，就可以创造出财政来源了。诞生出的基础收入规模也将等同于失去的GDP。国家向人工智能劳动征收金额所形成的资金池子，恰好与失去的GDP规模等同。只要把这笔钱平均分配给国民，即使到20年后我们的劳动时间变成了现在的一半，生活水准也可以保持与现在一致。

医生也好，律师也好，办事员也好，建筑人员也好，便利店店员也好，印刷厂工人也好，都会同样增加闲暇时间。人们可以把时间用于旅行、画画，或者喝酒、恋爱，等等。大家每周只需工作两天，日本的经济也可以照常运转。

其实，如今更应在全世界范围内掀起讨论的，并非是怎样使工作岗位不出现"AI失业"，而是今后我们应如何开始筹备这笔必将需要的、巨大的财政来源。

第五章

人工智能创造出的"便捷而又可怕"的未来

你的"选择"是怎样被控制的？

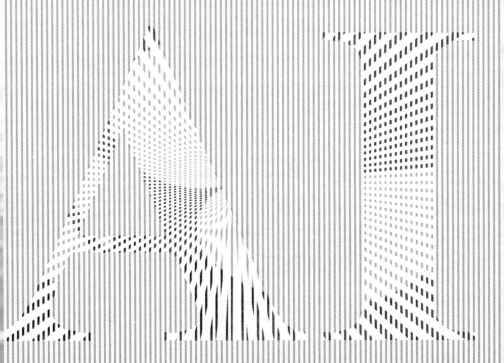

◇ 新型的人工智能宠物 ◇

2018年索尼发售的新一代Aibo（爱宝）机器狗一时间引发了热议。本章前半部分主要讨论的并不是这种索尼公司重新推出的宠物机器狗，我想谈的是这种人工智能宠物已融入相当多的家庭，销量远高于索尼的其他产品，总有一天，宠物机器人有可能取代真正的猫狗，受到人们的喜爱。

不过，眼下还处于人工智能宠物热潮来临的前夜。从这一意义上讲，我也想好好整理一下本次Aibo上市的意义。这次索尼在相隔12年之后发售的Aibo具有以下三方面的意义：

第一点，正是"机器学习"。本次发售的Aibo人工智能能够自主学习。怎样才能赢得主人的喜爱？怎样的姿势才受主人欢迎？Aibo每天都会通过观察主人的反应来学习。

这一学习的结果还会上传到云系统。实际上，日本国内出售的数万台Aibo所学习的结果全都会集中到云系统上，并给出分析。这些学习的结果可以下载和共享。也因此，自家的Aibo会一天比一天更招人喜爱。这也是12年前的Aibo所不具备的全新特点。

第二点是持续型商务模式的导入。这种新型Aibo并不是以198000日元（不含税）的价格买回来就万事大吉的。它与手机签约购机一样，除机器狗本身的价格以外，每个月还需要支付使用费，叫作Aibo基础套餐，需要连续三年每月支付2980日元。在索尼的宣传中，称之为"刚到家时对你还一无所知的Aibo，经过一天天的接触，终将成长为你独一无二的伙伴"所需的费用。从商业上讲，即这件商品并非售完即止，还要通过Aibo的附加服务收取费用。

并且，2980日元这一价格的设定也相当绝妙。它比饲养真正的猫狗每月所需购入的狗粮和宠物玩具费用还要低廉。因为Aibo的这一商务模式，导致日常费用增加了一项新的支出，人们将会在多大程度上接受，又能接受多少费用的支出？从这一意义上讲，它也是相当值得琢磨的。

第三点，即按照"革新的30年定律"，Aibo究竟属于哪一阶段的商品。

但凡划时代的技术革命改变世界时，都会有一个30年定律。也就是说，青霉素也好，汽车也好，计算机也好，凡是这些改变世界的划时代发明，从诞生到彻底改变世界都需要花上30年左右的时间。

以最近的例子来说，数码相机从诞生到改变世界恰好经历了30年。数码相机首

> 青霉素也好，汽车也好，计算机也好，凡是这些改变世界的划时代发明，从诞生到彻底改变世界都需要花上30年左右的时间。

次问世并震惊世界，是在1981年。当时，索尼发布的商品模型叫MAVICA（马维卡）。它与录像机一样，可以将图片读取成数码信息，再记录到软盘里。

这款MAVICA在发布之初，一度带来了强烈震撼。外界都认为，摄影行业从此将发生巨变。然而，那之后不久，MAVICA就从人们的视线中消失了。因为周边技术还来不及跟上，无法使之转为实际应用。

而拥有实用性的商业数码相机首次面世，是在之后15年左

右。在数码相机的画像传感器功能得到提高，记录用的闪存记忆容量达到实用水准，并出现Windows电脑和互联网等数码图像普及平台之后，数码相机的商业化才得以实现。

然而，人们对于这款刚刚发售的数码相机的评价却相当冷淡："不过是个玩具而已。"的确，这种像素仅为38万的数码相机，还不可能拍出足以与银盐胶片匹敌的画质来。

可是，这里希望大家关注的是，数码相机在那之后的发展速度有多快：从那之后，数码相机迅速提升了性能，进入2000年，其像素已超过400万，单反数码相机终于在功能上超越了胶卷照相机，之后又在工程画像处理和打印的便捷性上超过了胶卷。

就在MAVICA问世大约30年之后，全世界最大的胶卷厂商柯达因经营无法继续而宣告破产。

由此来看，诞生于1999年的Aibo今后又将发生什么呢？当初，能发出声音的初代Aibo很快便被无数玩具厂商出售的仿制宠物机器人超越，失去了市场竞争力，从而销声匿迹。而本次卷土重来的新一代Aibo也在试水之初，同样经受了与真正的猫狗相比"终究不过是玩具"的质疑。

但我们绝不能小看革新的30年定律。玩具宠物可以迅速提高性能，这次的Aibo也与1995年的数码相机如出一辙。因此，今后十年也许会让人们大跌眼镜，即人工智能宠物说不定会超过真正的猫狗，成为人们更加喜爱的对象。

◉ 即将成为全世界最大宠物品牌的企业 ◉

那么，正如前面提到的那样，届时，世界上最大的人工智能宠物品牌未必就是索尼了。实际上，目前已有其他产品的销量超过了索尼的Aibo，也日渐撼动着真正的宠物猫狗的地位。

它就是由亚马逊发售的、已深入到众多美国家庭里的亚马逊智能音箱"Echo"。在美国本土，不断涌现这样的事例：人们对Echo所附带的人工智能Alexa充满了爱意，乐于将其看作是家庭成员之一。

人们只要对Alexa简单发出一句指令，它就能帮人打开家电开关，播放音乐，甚至朗读Kindle里的书。这一功能目前还稍显笨拙，读书时还像机器一样生硬，发声方式也不够流畅。但尤其对于独居的人们来讲，回到家中有个可以在私人空间里与自己开口说话的Alexa，可以使人逐渐将其当成是自己的家庭成员，慢慢产生感情。

事实上，在美国已有越来越多的人为自己的智能音箱穿上亲手制作的外套。今后，智能音箱套也可能像智能手机套一样大量地发售，套子的外观也有可能发展到拟人的程度，做成动物或是动漫角色之类的造型。

作为人类的聊天对象，Alexa的人工智能的系统性能也将逐年得到进化。在此过程中，人类对Alexa的感情恐怕也会朝两个不同的方向发展。

一个发展方向就是将Alexa视为趋近真人的伙伴。对于独居女性而言，它会在女性心目中发展成同居伙伴的形象，会是一个需要帮忙干活儿时就立刻动手的好室友；百无聊赖时，还可以找它聊天；意志消沉时，它还可以安慰你。很有可能，Alexa就这样一步一步越来越趋近真人了。

其实，还有一个行业最为关注智能音箱的拟人效果，就是养老护理行业。有个尚处在实验阶段的趣闻：据说与智能音箱聊天，可以对养老护理机构里的高龄人士起到安抚情绪的作用。

这种时候，比起普通音箱的外形来，若能做成软银机器人Pepper（佩珀）那种跟真人不相上下的外形，效果会更好。房间

里有个Pepper陪高龄人士聊天，也可以减轻护理人员的负担。毕竟，高龄人士都希望护理人员至少能陪自己聊聊天。

今后，随着进一步的开发，会说话的智能音箱承担起护理人员的一部分工作内容也将指日可待。

另一方面，前面也说过，智能音箱可以成为独居女性的聊天对象，如同室友一般。但目前，本人觉得无论人工智能音箱的外形有多么像真人，在能力上它也始终无法达到超过真人的水准。

> 今后，随着进一步的开发，会说话的智能音箱承担起护理人员的一部分工作内容也将指日可待。

其理由是，目前的人工智能还未获得广泛应用型的学习能力。为什么与自己聊天的女性会感到伤心？为什么她今天特别高兴？为什么她会饱受紧张情绪的困扰？这些问题在未来十年之内，人工智能尚无法学习。

而人工智能可以做到的，仅仅是一味地倾听，在了解对方的情绪之后，从系统里搜索并给出与对方情绪相符的回答。

只不过，像我这样的男性或许低估了这种人工智能的能力极限。于我而言，始终不能理解一点：据说心理学家给出的建议是，"与女性聊天时不必站到对方的立场一起思考，只需要倾听就可以了"。

我的工作是经营顾问。一旦对方来找我咨询,我就要与对方一起思考,并给出建议。但若是根据恋爱顾问的建议,这样做却不能拉近男女之间的距离。

那么,假如只要一味倾听对方的话就已足够,恐怕人工智能音箱要比我更为合适。

同理,在养老机构里,外形与真人不相上下的智能音箱也将作为高龄人士的聊天对象,大有用武之地。

它可以在听到高龄人士说话时,点头予以回应。也可以讲些拿手的笑话,或是根据对方要求,用合成的美空云雀[1]的嗓音清唱出歌曲来。智能音箱必将发展成这样一款慰藉孤独者心灵的工具。

◎ 会说话的宠物走红的条件 ◎

智能音箱的另一个方向,就是向会说话的宠物方向发展,即

● 1 日本著名女歌手的名字。——译者注

它可以帮助人们便捷地完成各种日常事务，说话时句尾还一定会带上"喵"什么的。

主人也会给这种智能音箱换上动漫角色之类的音箱外套。新型的智能音箱大概率也会长着脚，当主人在房间里走动时，它也会在后面亦步亦趋地跟着。

当你走到厨房里拿啤酒时，Alexa也会跟在你后面走过来。

如果你问它："怎么？你也想来点儿啤酒吗？"

它会开心地回答你："我要是能喝就好啦。喵！"

接着，你说了句："哎呀！冰箱里的啤酒就剩最后一瓶啦。"

"那我到亚马逊订些啤酒回来吧。"它会帮你把生活安排得井井有条。

这种发展方向很可能超过趋近真人的方向，市场也很可能极为庞大。因为目前日本的宠物市场大约有1800万只（数字仅含猫狗）宠物。而这样下去，这个数字很可能被智能音箱所取代。这也是今后十年间，智能音箱在发展范围内可能实现的进化方向。

进一步说，智商稍低于人类的人工智能可能更招人喜爱一些。

实际上，真要把智能音箱作为聊天对象看待的话，今后十年内它们除了会说一些"喵"之类的词语以外，还不能掌握句子的更深层含义。

你问它："我今天怎么害得那个家伙生气了呢？" 哪怕智能音箱当时就在现场，也无法理解人类的心理为何会如此复杂，那么，这样一位聊天对象也就毫无用处了，只会说些"赶快开心起来。喵" 这样安慰的话而已。

可是，假若在某些擅长的领域里，它却会比家里的真猫真狗更能发挥作用。假如你对它说"明天约会时，我想设法跟女朋友缓和一下关系"，那么，它很可能这样建议你："有家不错的店哟。喵！"

它还会通过搜集自家的GPS信息、常去之处的GPS信息、美食口碑网站上的评分和用户评语，以及你银行账户里的余额等各种信息，比你更准确地找出合适的约会地点。到了这一水准，这种宠物才能发挥出智能音箱应有的本领。

智能音箱型的宠物很可能平常就在取悦你的女友了。它可以根据你从未看过的女友社交平台日志，聪明地买回礼物，指点你："送这件首饰，她一定会喜欢的。喵！"

作为看家狗，它的作用也要比普通的狗更为称职。如有陌生人进入家中，他应当会立即通知主人和警察"有小偷进来了"。

一不留神,你把水壶坐在火上就出门了,它也会帮忙搞定,然后通知你:"我已经把火关掉了。喵!"

个人认为,这种会说话的人工智能宠物要想融入人类社会,未来十年就是一个绝好的时机。原因是一旦人工智能太过发达了,人类就很难把自己的感情倾注其中了。

假如未来30年后,仅仅外表看似宠物,真正的智商却要比人高得多的人工智能来与人类接触,恐怕给我们的感觉不会太舒服吧。而面世于1999年的那种什么都听不懂,只会进行程序化操作的宠物机器人又未免太过无趣。

> 人工智能的水准恰好接近人类,又比人类智商稍低一些的时期,才应是人工智能宠物最易融入人类社会的时机。

人工智能的水准恰好接近人类,又比人类智商稍低一些的时期,才应是人工智能宠物最易融入人类社会的时机。因此,现在正是这一时机的开端。

正如本章开头所说的那样,我认为在这一领域里手握胜券的企业,第一是亚马逊,第二是谷歌——全都是这类美国企业。只不过,未来的胜负将变成"究竟将其看成是智能音箱的竞争,还是人工智能宠物的竞争"。

它们比人类的头脑稍差一些，却又招人喜爱，能发挥一定的用处。要开发出这种会说话的宠物机器人，或许并不需要强AI。假如真是如此，那么索尼也很有可能在赢家队伍里分上一杯羹。我很愿意相信存在这种可能。

─◉ 真正智能的人工智能将为我们提供如此"美好"的未来 ◉─

那么，接下来，我们暂且放下宠物的话题，来探讨一下未来智能音箱本身的功能将会进化到何种程度？

智能音箱将在你的家里定居下来，并逐渐掌握你的方方面面。

亚马逊有一项点播音乐的服务——Amazon Music Unlimited，可从4000余万首歌单中任意选取自己喜欢的音乐播放。

一般人每月需支付的费用为980日元，特别会员为780日元，而持有亚马逊智能音箱Echo的人仅需支付380日元。综上所述，每样套餐的价格都要比购买音乐CD便宜得多。

我有一位朋友已经是这项Amazon Music Unlimited的老用户了，据他介绍，这项服务用起来十分称心。

以我们这代人来说，只要向智能音箱Echo的人工智能系统

Alexa说出一句"我要听中森明菜"，它就会帮你从存档里搜索出来。这样在选取各种自己喜欢的音乐期间，通过搜集喜欢的音乐和跳过的音乐倾向，Alexa就能慢慢掌握主人的兴趣爱好，也可以搜索出主人可能爱听的音乐。

据说，这种能力在今后数年内将会实现飞跃性的提高。

譬如，人工智能目前仅能知道主人对音乐的喜好，但在不久的将来，它还有可能学习挑选符合主人当时情绪的音乐，为你播放出最适合的音乐来。

夜晚临睡前，它为你播放可以放松心情的音乐；在你开心快乐之时，他会播放一些快节奏的音乐。总之，它会根据你不同的情况和喜好来选曲。

这里多说一句，我先前曾接受一名大企业老板的建议，在早上去上班的路上，为了振作心情，一边听音乐，一边去上班。当时，他给我的建议是："不论多么没心情，只要到达公司那一瞬间，都要让自己马上转换成投入战斗的状态，所以，每次我见客户前都要听电视剧《向太阳怒吼》里的音乐《牛仔裤刑事》。"

预先浏览主人接下来的日程安排，再根据你不同的状况，选出可以帮助你转换心情的音乐——这应当是在不久的将来，人工智能Alexa最为擅长的工作内容了。

智能音箱不但可以搜集音乐，还可以搜集信息，可以为你选出最适合你当时状况的信息。早上在上班途中，可以为你从《日经新闻》或是《华尔街日报》中选出适合你的新闻报道，并以你爱听的语速为你朗读出来。

智能音箱可以看到你的日程安排，可以根据你的日程更改信息。在你晚上与友人见面之前，为了你聊天时能跟上形势，会为你朗读一些《周刊文春》或是《周刊新潮》上的信息。在周末购物之前，还可以告诉你你感兴趣的最新型数码单反相机的有关信息。

当然了，也不只是文字信息和语音信息，那些视频信息也会以同样的方式帮你安排好。

在十年后的未来，地面播放的电视、亚马逊视频或Abema TV之类的视频点播服务，究竟哪一种会成为主流尚不得而知，但不论哪一种占了上风，智能音箱想必都可以应对自如。

在节目选台方面，它也不只会根据你个人的爱好，还会根据你社交平台上的友人信息，甚至一些与你有相同爱好的陌生人信息，以及云系统上的共享，向你建议这一时间段你该看的节目是什么。比如"你一定要看看这个新出的电视剧哟！那样你才会跟朋友们有得聊"或者"这个视频节目你应该喜欢"之类的。你不必自己去选取该看的节目，智能音箱会逐个向你提出建议，感兴趣的话你就看看，不感兴趣的话可以更换频道，切换到下一个视频。

这样，对你而言，智能音箱的人工智能系统所提供的信息会创造出一种相当舒适的未来，其便捷程度也会使你的生活发生180度的变化。

电影《猜火车》（又名《迷幻列车》）是以一句让人印象十分深刻的台词"选择人生"开始的。人生中，每一天都要做出选择。以哲学的思维方式来看，人生正是由无数个选择组成的。

> 这样，对你而言，智能音箱的人工智能系统所提供的信息会创造出一种相当舒适的未来，其便捷程度也会使你的生活发生180度的变化。

这部影片拍摄于1996年，其台词的意义却在紧随其后的互联网时代开始之后，逐渐发生了变化。实际上，活在现在的我们，在不知不觉中可供选择的范围已经逐渐变小了。

日常中，我们误以为自己抓住了全社会的热门话题，其实那也许只是因为点击了雅虎新闻遴选出的八条新闻中的一个话题而已。你之所以会了解昨天电视节目里的那条消息，也并不是因为看过那台节目，而只不过是因为浏览到新闻网站上的"某个明星因某个发言迅速走红"罢了。

今后，随着智能音箱的不断升级，你将会越来越远离自己做出选择的习惯。甚至在个人操作上，也会变成只能蹦出"不需要""下一个""别的"之类的了。不知不觉中，个人生活的圈子会变得越来越小，所有的一切都在向适合你自己的方向靠拢。这就是所谓由人工智能创造出来的"美好"的世界。

智能机器真正的主人是谁？

那么，在本章的后半部分，我们再来聊一聊未来那些可怕的事情。

智能手机、智能音箱的发展，将使我们的生活更加轻松。它们将向我们学习，为我们提供便捷的每一天。

可是，人工智能又能在什么方面赚钱呢？这种每个月仅需980日元、4980日元即可利用的便捷而又智能的机器，或许将会通过向你学习，同时在其他方面谋利。

如今，每个人都会有意无意地留意到一种"免费服务的代价"，即广告。在那些或是免费、或是以极其低廉的价格为我们提供便利服务的背后，往往都隐藏着令人生厌的广告。这些广告尽管令人生厌，却也让人无可奈何——我们都是这样觉得的。

等到五年、十年以后，这种广告将会比现在更加智能、更加聪明。在享受到智能手机、智能音箱带来的便捷的同时，那些准确掌握了你的搜索历史、你的购买历史、你的银行卡余额以及你眼下心情的智能广告，也将会侵入你的生活。

这不仅仅是你自己，还有与你有类似经历的数百万人，这些人会对这样的信息做出怎样的反应？它们也将学习与之相关的大数据。

譬如，当你无意中想到"要换辆新车"的时候，它们便会巧妙地向你提供购买新车的有关信息。

假如没有看到这些信息，你说不定准备换一台跟现在开的丰田差不多的新车。可是现在，你或许在不知不觉中对马自达小型柴油发动机的环保性能产生了兴趣，也说不定想要尝试一下斯巴鲁的驾驶辅助功能究竟有多舒适便捷。

在过去，也就是没有智能的时代里，只要我们搜索过一次互联网上的广告，就会有相关领域的广告自动显示出来。搜索过买房，就会满屏都是买房的广告；搜索过扫描仪，就会满屏都是扫描仪的广告。

而五年、十年后的互联网广告，将会通过智能地学习你的心理变化，对你的选择更为巧妙地施加影响。

再讲一件更为可怕的事情：号称"智能"的人工智能还将对你本人的能力品头论足。比如你不如别人消息灵通啦，金钱观念太散漫、花钱大手大脚等，那些你不想为外人所知的缺点，它全都能聪明地掌握。

智能产品看似把你当作提供服务的主人，但其实这些产品真正的主人却是位于网络另一端的IT企业。你或许已被人工智能定位为国内数百万名"只要是新型健康食品，哪怕再贵也愿意出钱购买的糊涂人"之一，并提交给了IT企业。

"我对消息灵通得很，也不会对金钱观念散漫，所以不怕。"或许你会这样想。可是，不论任何人都存在软肋。女儿的笑容可能戳中你的软肋；霜降牛排的图片也可能戳中你的软肋；吉卜力的新电影也可能戳中你的软肋；有些好笑的是，听上去诱人的理财投资也可能戳中你的软肋。总之，你的软肋会被

智能机器全部准确地掌握和定位，并通知给其后台主机（mother computer）。

你甚至可能都没有意识到这些是广告：你对视频里介绍的九州温泉和那里提供的黑毛和牛很感兴趣，于是，盘算着如果带上太太和女儿去那里，她们一定会非常开心。你可能还认为这是自己从偶然看到的旅行视频中选出来的。

而就在同一时期，你接到消息称，你的那份投资理财升值超过了预期。于是，你决定把它卖出获利。

也就在同一时期，你又偶然看到了某航空公司刚刚推出的秋季折扣优惠。于是，你在旅行网站上筹划了自由行套餐。

> 2025 年左右的未来世界，就非常有可能变成这样一种人类选择能力逐渐衰退的未来。

你可能觉得这一切全都是自己发现、自己判断的，都是自己决定的行动。可是，在你做出这些选择之际，你所遇到的信息有可能全都不是你自己主动选择的，而是人工智能系统通过某种程序设定，刻意展现在你面前的。2025年左右的未来世界，就非常有可能变成这样一种人类选择能力逐渐衰退的未来。

◉ 中美大型 IT 企业即将创造出的未来 ◉

这种便捷而又可怕的未来，究竟是谁在创造？有资格居于幕后的，正是那些在人工智能方面年投入一万亿日元规模研发资金的企业。

令人遗憾的是，日本目前尚未有一家能以如此规模投入研发资金的企业。即使是最顶尖的企业，恐怕也只能在人工智能方面投入1%的研发预算，即年投入100亿日元规模——这就是日本绝大多数IT企业的现状。

而亚马逊、谷歌、微软、脸书及IBM等大公司则不同。它们已在人工智能方面投入了巨额的研发资金，同时把目标对准了该领域内世界级领军人物的宝座。此外，能与之分庭抗礼的则是中国。中国也在政府、企业与大学的紧密合作下，以等同于美国的投资规模推进着人工智能开发。

而这种巨额投资的结果，又会带来怎样的未来？或许我们可以从美国的"亚马逊效应"一词中找到一些线索。

所谓亚马逊效应，是指由于亚马逊掀起的商务革命，美国大量现有的企业不断被亚马逊从原有位置上挤走的现象。美国股市中实际存在着一项指标，称为"恐怖的亚马逊品类指数"。这一指数几乎囊括了绝大部分美国的大型零售业。

美国第二知名的Borders书店已于2011年根据《联邦破产法》第十一章申请履行了破产程序；曾存在于美国所有城市商业综合体里的家电零售店RadioShack已于2015年宣告破产；以大型玩具零售店知名的玩具反斗城也于2018年宣布全店停业。

这些零售门店之所以会陷入关闭的境地，其中很大一个因素就是相较于实体店铺，消费者们更乐意光顾亚马逊等网店了。

全美还有不少连锁商店虽未达到破产的地步，却已大幅减少门店的数量，实行大量关店。因此，全美的商业综合体里开始出现大量的空铺，运营者们也都发出悲叹，"这样终将失去揽客的能力"。

这一趋势当中，至今唯有生鲜食品超市一类被人们认为不宜使用亚马逊的快递。因此，人们称，只有这一行业暂时不会受到亚马逊效应的重创。然而，就在2017年6月，亚马逊宣布出资137亿美元（按当时汇率相当于14300亿日元）并购大型超市Whole Foods Market（全食超市），此举给予全美食品超市极大的震撼。

因为亚马逊只需利用Whole Foods Market在全美拥有的店铺网

络建立起仓库，即可涉足在全美城市进行生鲜食品销售的领域。

根据这则新闻，美国调查机构发布调查结果称，七年后，有七成消费者将会选择通过互联网购买生鲜食品。

据悉，不止是Whole Foods Market，大型超市Kroger（克罗格）和Target（塔吉特）公司也在暗中与亚马逊洽谈合作意向。全美的零售业都不能幸免于亚马逊发展所带来的影响。

◉ 亚马逊效应与人工智能 ◉

实体零售店伴随着亚马逊的成长受到影响，这种情形对于人们还算易于理解。可是，对于人工智能领域里已出现的同样情形，人们却没有提高警惕。

在可以通过互联网享受服务的云服务领域里，亚马逊、谷歌、微软这三家企业的行业垄断正在不断扩大。因为这三家企业所提供的人工智能的功能要强大得多。

譬如，假设你所任职的公司是一家IT企业，正在开发一款智能手机游戏。然后，这款你们公司大力开发的新游戏面市了，仅仅面市一周就吸引了一万名新会员，但下载数量增加得却不如业

务计划预期，销售额的增长也不快。企业方需要做出某种对策，以促进产品的销售额增长。

为什么销售额的增长不够快？若在以往，员工们要弄清原因，就需要想办法总结出一些假想的理由。譬如，可能会有以下一些理由：

或许因为广告推进不够顺利，新款游戏的认知程度不如预期。

或许尽管产品已广为人知，但因广告内容欠佳而关注度不高。

或许这款新游戏的用户痴迷程度低于预期。

或许这些用户在社交网络平台上给出的反馈欠佳，因而导致负面影响扩大。

或许出现了与同期面市的对手游戏争用户的状况。

……

若是在以往，游戏公司要以这些假设为基础，逐个进行分析、思考，并给出对策，以增加用户量或收费点击量。

而现在，已经有企业抢先培养出强AI，通过大数据分析，使其代替我们完成这项工作。而培养方就是亚马逊、谷歌、微软这类AI大型企业。

只要利用这三家企业的云系统服务，就可以享受到系统上的AI服务了。这种AI服务可以分析出获取新用户的效率，找出软肋，并给出对应方案。它甚至可以帮助我们从大数据中找出可能愿意接受这项游戏的潜在客户，并研究合适的市场营销计划。这些服务作为系统附加的服务项目，只要是云系统的企业用户都可以享受到。

正如第一章中所说的，人工智能分为强AI和弱AI。强AI的工作内容是分析大数据，掌握消费者的行动，思考更为有效的市场营销计划。而能够开发出这种强AI的，唯有那些拥有超快处理速度硬件、可以通过超大型服务器进行分析的大型IT企业。

也就是说，眼下业已形成了这样一种潮流：强AI已作为一种商品出售，而销售方集中于亚马逊、谷歌、微软、苹果、脸书及IBM等大型企业。

这六家公司的战略与目标市场既有彼此重合的部分，也有各自不同之处。但其共同点是用于AI的资金能持续年投入一万亿日元规模的企业，掌握人工智能经济的中枢部分。此外的其他大部分

> 在2025年左右的未来世界里，智能音箱、智能手机及其附带的APP全都将比人更智能。并且，在这样一种未来世界里，你的每一天都将生活在人工智能源源不断向你提供信息的包围之中。

企业，都只能销售这些AI大户的人工智能所使用的周边产品和APP。

　　在2025年左右的未来世界里，智能音箱、智能手机及其附带的APP全都将比人更智能。并且，在这样一种未来世界里，你的每一天都将生活在人工智能源源不断向你提供信息的包围之中。

　　你的生活品质将极度舒适，却会陷入一种别人为你设计出来的生活方式之中。

第六章

不再需要人手的职场，人手永远短缺的职场
职场和人生目标将会发生怎样的变化？

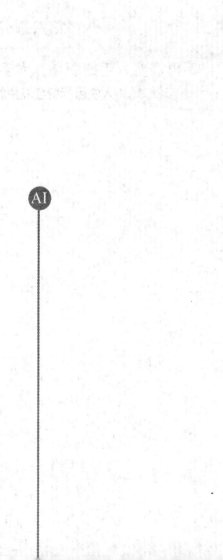

2023 年，日本的职场将会发生怎样的变化？

对于20岁出头、30来岁的年轻人来说，不久的将来，职场里将会发生怎样的变化？尽管现在也会有少许职场变化的倾向，但五年后的职场形势又将比现在更为严峻。

这是因为到那个时候，前所未有的劳动力失衡应当已蔓延开来。

今后五年内，劳动市场上将有两股完全相反的压力同时作用。即"劳动力短缺"的压力与"不需要人手"的压力。

在目前，首先，人手短缺，招不到人，才是所有经营者们最为关心的问题。在上市企业的经营风险中，第一项就列出了用人风险，这一近年来未曾有过的倾向也表明了其紧迫性。

尤其成问题的是那些成长快的产业，因为只有招到了人才能扩大业务，它们却苦于招不到需要的人才。若说起饱受这种经营难题困扰的成长型产业具体包括哪些行业，首先可以举出快递、医院、养老护理机构等行业；另外，一部分成长态势较快的零售业、餐饮业也在其中，尽管并非全部。

看看那些能够代表各自行业成长的关键词，就可以理解背景了。快递行业成长的理由在于网购需求不断扩大；医院与养老护理机构成长的理由在于少子老龄化的推进；零售业、餐饮业成长的主因是服务趋向24小时化、低价化，从而带来了需求的扩大。甚至反过来，也有其他的因素，诸如，由于7-11便利店开发了会员制，带来价值的提高，而增加了客户等。其中，也有访日外国人带来入境需求扩大的因素，这一点也容易拉大人才供需间的差距。

在那些需求增长迅速却招不到人手的职场里，必将发生黑色劳动问题。由于人手不足，责任感相对较强的员工便会被排进值班表里，店长等也将沦为有名无实的管理层。尽管会发生这些问题，但只要工作还能做得下去，问题就不会受到重视。最终只要不发生过劳死或自杀问题，上层领导者就不会主动过问。这种状况也将在各个行业慢性扩散开来。

要想解决这一类社会问题，导入和扩大人工智能、使用机器人是件好事。但遗憾的是，人工智能的扩大和机器人的使用，却不会发生在这些人手短缺的职场里。

　　前文曾讲过，今后十年内将通过引入人工智能减少人手的，主要是白领职场。

　　而说到机器人，今后十年内还只能在一些重复机械性操作的工厂等地活跃。对于日本的机器人制造商而言，成长的领域毫无疑问不在国内，而是在亚洲工厂。能够多大程度上在亚洲区域内扩大业务，才是各个制造商需要考虑的。

　　因此，在今后及未来的职场里，不再需要人手的地方主要是日本国内的写字楼与国外的工厂。

　　这里存在着一项根源性的问题，即今后人才供需差距必将不断拉大：一部分地方"不需人手"的压力不断加大，而另一部分地方"人手短缺"的压力也在不断加大。

> 白领们坐在舒适的办公环境里工作的岗位将会迅速减少；而与此同时，需要脑体并用的快递工作将会出现慢性的人手短缺。

　　白领们坐在舒适的办公环境里工作的岗位将会迅速减少；而与此同时，需要脑体并用的快递工作将会出现慢性的人手短缺。

　　从理论上讲，在写字楼里从事办公业务的人才将全部失去工作。其结果是，这些人本来只需转移到快递、养老护理、医院等一线岗位就可以解决供需问题了，但因待遇及所需技能有较大不同，这种理论上可以想象的人才流动在现实中并不会发生。

要从舒适安逸、薪水又高的地方转移到艰苦严峻、薪水又低的职场，这种人员流动，不到万不得已是不可能发生的。也就是说，今后的职场将会比当前的形势还要紧迫得多。

──○ 那些"不再需要人手的职场"里究竟会发生什么？ ○──

首先，我们来考察一下，在那些不再需要人手的职场里究竟会发生什么？譬如，在金融机构里，今后首先会有大量的工作岗位消失。因为为了维持之前职场里的大量办公操作，将通过引入人工智能从根本上实现省力。而在其他大多数白领职场中，也将不断出现第四章中所讲过的依靠RPA带来的省力化倾向。

职场里的工作岗位骤减究竟会带来什么？

假设由于人工智能的正式导入，导致公司里要做的工作骤减，之前需要十个人工作的部门，明年只需要八个人，后年只需要六个人，这样的话，每年都需要递减两个人。这样的情形也不止发生在某个部门，而是整个公司都将遇到。

　　一旦整个公司都决定以如此规模裁减人员，又将发生什么呢？这是大型外企常有的情况，我们来看一下外企的裁员过程，就可以预测出究竟会发生什么了。

　　外企在裁员的时候会接到人事部的指示，比如各个部门今年必须裁掉多少人。一般由部长、科长级别的人来决定各个部门需要裁掉的人。这对于科长们来说是一项十分心痛的工作，却又是个无可奈何的义务，因此只能悄悄地决定人选。

　　那么，观察一下这种裁员的一线，就会发现一个耐人寻味的现象：在初期裁员的过程中，首先会辞退那些所谓的低能者，即职场中能力相对不高的人；但如果公司要求进一步裁员时，就必须从同等能力的人中再选出需要离开的人。

　　这一阶段，偶尔也能看到一些有能力的员工对公司产生情绪，主动请辞离开。但如果关注一下，就会发现这一过程中留下的都是一些什么样的人——最终来看，留下来的都将是些上司眼前的红人，即留下来的往往都是同一关系网内的人。

　　一般人也许会认为，美资企业不同于日本，都是以实力主义为出发点的。然而，实际情况正好相反，在外企，得不到老板的赏识就很难有出头之日。因此，在外企，通常几名员工会在某位老板的旗下结成紧密的团队，形成一种关系网。当这位老板跳槽到其他外企之后，整个团队的人员都会纷纷向同一家企业跳槽。之所以会出现这一现象，也正是因为前面所说的理由。

> 在未来，岗位将逐步地消失：十个人变成八个人，八个人变成六个人，下属将不断地减少。工薪族要想生存下来，就只能拼命地维持与老板的良好关系了。

一旦人类的工作岗位数量开始骤减，这种外资企业里常见的关系网，自然也会在日本的职场里出现。

在未来，岗位将逐步地消失：十个人变成八个人，八个人变成六个人，下属将不断地减少。工薪族要想生存下来，就只能拼命地维持与老板的良好关系了。

年轻工薪阶层的"艺人化"

据我个人的预测，届时就会出现"年轻工薪族艺人化"。

艺人们的世界是十分残酷的：年轻艺人即使有才艺、会讲段子，每天不断地努力，也不能仅凭这些技能就能生存下来。

为什么会这样？因为在艺人的世界里，好的工作数量要远远少于工薪阶层的世界。假设要想当一名走红的艺人，就必须担任某些综艺节目的嘉宾，可是这一位置十分有限，机会并不多。

那么，光是提高技艺还不够，与前辈们的交往就显得极为重要了。要经常去后台向前辈请安；对前辈出演的节目和舞台要频频发邮件表达感想；晚上有邀约了，15分钟之内就要赶到西麻布的烤肉店集合。有了这样的努力，年轻艺人们才有可能让前辈们记住自己的长相和名字，才有可能在某些机遇来临时，分享到一点点工作。

对于目前的工薪族而言，这些年轻艺人的日常生活应该还是完全不同的世界里的事。所谓的娱乐圈里，想当明星的人不计其数，而能够走红的工作机会却凤毛麟角。不光是艺人，演员、歌手、偶像等，只要是想在娱乐圈里闯出一片天地的年轻人，都要在这个"好的工作机会竞争率极高"的世界里奋力拼搏。

因此，年轻演员们往往要主动照料大牌明星的日常起居；大牌歌手的生日会，年轻艺人们绝不敢缺席，必定到场祝贺；偶像们要每天与经纪公司里的人一起到处去请安。他们要在这些完全不同于工薪阶层的方面耗费大量的时间和精力。

而在工薪族的世界里，一旦工作岗位骤减，也将发生同样的情况。

怎样才能赢得上司的喜爱？怎样才能与上司分享隐私？怎样才能延长与上司在一起的时间？接下来的时代将会是：能否做到以上这些，才是决定自己能否在职场中生存下来的关键。

正如年轻艺人要去后台向前辈请安一样，年轻的工薪族们也要在每天上班时主动去上司的工作地问好。只因未来的工作机会必将减少，不这样做就会导致失业。而在十年后的未来社会里，这种现象或许会形成一个社会问题。

那些"招不到人的职场"里也有省力的空间

那么，在那些人手短缺的职场里又将发生什么呢？在刚才列举出的那些虽没有人气却需要大量人手的职场里，将会发生积极与消极两种截然相反的情况。

积极的一面，仍然是由于引入人工智能，工作流程实现了高效化。在脑体并用的职场里，工作流程中许多重要环节上，都会与白领职场同样提高效率。

在美国西雅图出现的Amazon Go无人超市实验店里，进行过一项取消收银环节的实验。

在门口刷过智能手机进店的客户，可以将货架上的商品随意放入自己的包内，再带出店外。整个过程看似在偷东西一样，却不需要担心。店内安装的大量图像感应器会准确地捕捉到顾客带走的商品，并按照价格，准确地通过手机支付自动完成收银。

只要这一技术稳定下来，零售店里的收银操作也将成为历史。譬如，以工作强度大而闻名的优衣库门店里，收银业务就是店员们的一大负担。尤其是酬宾甩卖等顾客激增的时期，等待收银的顾客一整天都会排起长队，店员们一旦进了收银台就需要连续站上数小时，一直处理收银业务。

负担如此繁重的业务职位，在不久的将来或许就会消失。对于客户来讲，不再需要排队无疑是件好事。而对于在劳动强度极大的零售店一线工作的店员们来说，这应该是更大的福音了。

第五章中提到的智能音箱和软银的Pepper机器人等，也可以帮助我们减轻养老护理一线的工作负担。

接受护理的高龄人士往往要求护理人员提供一项业务内容：与之聊天。假如在养老机构里卧床不起、需要护理的高龄人士床边，有了人工智能版本升级的Pepper，眼睛滴溜溜地带着笑容陪伴，高龄人士就可以跟它们聊天了，它们也可以主动开口与高龄人士说话。到了五年以后，这种情况应当会更加自然、更加有效。

同样，尽管对方只是个智能音箱，只要高龄人士开口询问："我老家的樱花开了没有？"

亚马逊的Alexa系统也很可能回答：

"奥三河的樱花比东京要晚，前天就开了，您要看吗？"

"这是哪儿啊？"

"樱渊。"

"啊，新城的樱渊吗？"

像这样，人工智能可以掌握包括高龄人士家乡在内的资料，帮忙向高龄人士提供温暖而又亲切的谈话服务。

到了那样的时代，养老机构里的护理人员或许一个人就要负责比现在更多的老人了。当然，法律也需要随之改变。与老人聊天的业务很可能由智能音箱和机器人来负责了，而护理人员只需要负责物理上的照料。不过，护理人员需要专心负责每天替老人更换成人尿布，至于他们是否愿意继续做这项工作，又要另当别论了。

　　有些行业里，还可以通过人工智能进一步提高省力的空间。在大型连锁经营的餐饮店里，已经有相当一部分在业务流程上推进了高效化，在预约管理上推进了网络化。在滨寿司等人气连锁店里，甚至连接待工作都由Pepper机器人来承担了。

　　而其他可以置换成人工智能的，或许只有与零售店同样需要处理收银的环节了。餐饮店与零售店不同，作业量在这一点上并不会实现太明显的高效化。

　　从这一意义来看，那些人手短缺的行业有可能通过人工智能进一步提高省力的空间。但如果不从本质上彻底改善从业者的待遇部分，就不可能解决人手短缺的问题。

——◯ 何谓快递危机? ◉——

　　那么，要怎样彻底改善从业者的待遇呢?

　　前面说过，未来人手短缺的职场里将会出现积极与消极两个正相反的现象。假设通过引入人工智能使工作流程高效化是其积极的一面，那另一个与之同时发生的消极一面就是行业危机了，即席卷整个行业的业务萧条。而只有出现萧条，各个行业才会主动改变局面。

2017年的快递危机一度成为大众热衷的话题。在网购货物数量激增的背景下，快递行业的运送量已超极限，就连业内领头羊雅玛多运输也不堪重负，发出了"如果按现有条件继续下去，已不能再承担快递业务"的哀叹。

快递行业的货物运价一般会给大客户以大幅的折扣。据说，以往尽管每件货物的快递成本并不能降至400日元以下，但据媒体采访显示，最大的客户当时仍可按250~300日元的成本将快递业务承包出去。

这一时期最引人关注的，除了雅玛多运输将有怎样的动向以外，还包括最大的主顾亚马逊将做出怎样的反应。首先，佐川急便甘拜下风，主动退出了亚马逊的快递业务，实质上只剩下了雅玛多运输一家。在这种局面下，亚马逊又会做出怎样的举动，这一点引发了外界的关注。

实际上，这种快递危机，正是由于亚马逊与雅玛多运输各自不同的企业文化差异所产生的极大影响。

亚马逊的企业文化，是彻底站在消费者的立场。为了尽量给消费者提供方便而改善服务，为了帮助消费者减轻负担而彻底削

减成本，在此基础上削减的成本也会全部返还给消费者——这就是亚马逊的文化。

而雅玛多的企业文化，则是彻底接受雇主的要求。为了雇主的利益，不惜与政府监督部门争得面红耳赤，并以此来冲破难关，实现服务。对于雅玛多来说，服务才是第一，利润自然会随之产生。

这样一来，就可以理解二者的矛盾之处了。两家企业都在向全力为客户服务的方向迈进，但当二者相遇时，显然业务就无法进行了。这也正是产生快递危机问题的根源所在。

若因一线劳动强度太大而招不到人，那么，不论是雅玛多还是亚马逊，扩大业务都无从谈起了。因此，两家公司首次相向而行。根据媒体推测，据说亚马逊接受了雅玛多超过四成的大幅提价。雅玛多也终止了其他四成大客户的合约。也就是说，尽管有大量的中小电商想继续开展业务，雅玛多却无法为之提供货物快递服务了。雅玛多也首次表示了大规模拒绝客户要求的态度。

通常，危机蔓延的结果是必将出现改革。从这一观点来看，电通公司的过劳死及自杀事件促使行业整体扩大改革工作方式的趋势亦是如此。只有发生了有动摇社会倾向的问题，才有可能产生改革的压力。遗憾的是，日本社会每次面临变革之际，都需要经过这样一个"节点"。

那么，这一点是否会继续向其他行业扩散呢？遗憾的是，并不容易。护理行业并不会把运输行业的快递危机视作自己的问题，餐饮业也不会认为电通公司的过劳死问题是同行业内的事情。引用托尔斯泰《安娜·卡列尼娜》里的名句来形容，"幸福的行业都是相似的，不幸的行业各有各的不幸"。

——◎ 体力劳动的价值开始被人们重新认识 ◎——

这样，接下来的十年内，"招不到人手"与"不需要人手"这两个社会问题将会搅乱整个就业市场。

这种倾斜的本质就在于，本应供给较少并具有市场价值的"脑体并用的工作"在薪酬方面并未引起足够的重视，而同时，无数人争相从事的"脑力工作"的价值被过分夸大。这一点要想在不久的将来通过自然方式消除，其实是有难度的。理由是二者间的失衡正处于不断加大的过程，也可以通过一些通俗易懂的例子来解释一下。

在澳大利亚的悉尼，午餐价格高得惊人。也并非多么高档讲究的餐厅，只要去一般的餐厅里点一份意大利面作为午餐，结账金额就高达2500日元。

此事曾让我十分费解，于是我专门调查了一下。结果，我发现澳洲餐饮店里的零工人员最低时薪平常为17.70澳元，换成日元约为1500日元，周末还会超过2000日元，这要比日本高得多。因当地法律规定的最低工资水准及供需关系形成了这样的成本，而这一成本被转嫁到了午餐的价格上。

在澳洲，整个经济状况十分活跃，非但午餐价格高昂，餐饮及其他各类服务的价格甚至还要高过午餐。尽管悉尼市民也会不满，却只能无可奈何地接受这种高价。而消费者之所以能够接受，还是因为多数市民可以维持相应的收入水准。

假设在悉尼，白领工作的价值首先下降至每小时薪资1000日元，届时又能有多少人承受得起2500日元的午餐呢？

在日本，众所周知的是，在正式员工薪资水准停滞不前、非正式劳动者大幅增长的背景下，收入水准处于底层的人群正在逐步扩大。越来越多背负着房贷的父亲，只能从微薄的零花钱中艰难地挤出一点私房钱来。结果，有越来越多的工薪族，每天午餐时间只能在便利店里买个250日元的三明治凑合一下。

将来在日本，那些"不再需要人手"的办公室里，恐怕薪资水准首先就要比现在下降一至两个档次。因为一方面已不再需要办公业务，而另一方面想在舒适的办公环境里对着电脑工作的人仍然太多，因此，唯有降低作为市场价格的劳动回报了。

而在那些"招不到人手"的行业里，危机只会以每几年一次的概率在局部发生。那么从时间轴来看，这样的问题迟早会提上日程：首先，脑力劳动的岗位薪资必然将大幅下调，之后，脑体并用的岗位薪资必然不得不大幅提高，尽管时间上可能有一定的滞后性。

可是，这里还将出现另外一个问题：即使假设餐饮店里每小时工资水准提升至1700日元，但因普通顾客的薪资水准已大幅下降，也就无法将上升的成本转嫁到价格上去了。

目前，养老护理行业正面临着这样的问题。在养老护理行业中，最大的问题是护理成本不能由被护理的人员及家属来完全承担，包括养老护理保险的金额在内，养老护理从业人员能够从一名需要护理的人员身上收取的金额极少。巧妇难为无米之炊，这样自然也就无法提高护理人员的薪资水准了。

也就是说，在日本，覆盖了中产上层到中产下层的白领们的就业形势一旦发生崩溃，蓝领的工资也将无法提高到适当的水准。那样的话，无论需求有多大，蓝领职场里都将无法招到人手。

据说，对于日本经济而言，最终的解决办法是大量引入外国移民，以低廉的薪资换取移民的体力劳动——只能给出这样一种谁都无利可图的解决方案。如果是这样，首先解决现存行业间的薪资失衡问题，才是日本改革工作方式所需要面对的挑战。

○ 未来，幸福的人生究竟是什么？ ○

在这一章的最后，我想思考一下，对于工作的人们来说，幸福的含义究竟是什么？

今后，社会发展的方向是：一般的办公业务、司机、律师及医师等知识型工作者的岗位都将被人工智能一一夺去。最终，人类的工作岗位将会分阶段消失。恐怕从现在起，会有20年时间，将以"整个工作岗位的一半规模"分阶段出现工作岗位消失，而这也必将成为一个极大的社会问题。

由于工作机会减少，人们需要开始争夺那些硕果仅存的岗位。一方面开始推崇分享岗位，另一方面则会由于分享到的岗位已无法维持生活而怨声载道。

在第四章我曾说过，原本在日本只要确保170万亿日元的财政来源，向每户家庭无偿提供400万日元的基础收入，国民经济就能以与现在同等的规模照常运转。可是，以现有的经济政策框架看，要有这样的巨额财政来源无异于白日做梦。

我也反复主张政府应对人工智能的劳动征收报酬，以此来确保170万亿日元规模的基础收入财政来源，但很少有人同意我的观点，这真是一道难题。

可是，这里我想斗胆问一句：各位真的那么热爱工作吗？

英国的人类学家大卫·格雷伯曾经发表过一篇相当震撼的论文，题为《关于无聊的工作》。据大卫·格雷伯称，在现代社会里，有无数人把全部人生浪费在了无意义的工作上。其定义是，"做这项工作的本人基本认为是无聊的工作"。

这里，我们不去触及具体细节。据他称，在发达国家，这30年间增加了无数毫无意义的工作。的确，说到这一点我也感同身受。那些能帮我维持生活、能赚钱的工作，与我个人真正想投入的、具有社会价值的工作，二者并不一致。那些我不想做的工作是否毫无意义暂且不提，但客户能支付的金额反而更多，因此我只能接受。而那些具有社会意义的工作，譬如，向年轻人讲述未来经济前景的工作，这种演讲活动的举办方几乎都是亏损的，能付给我的出场费也不过是一点心意而已。

无聊的工作却能维持生活。从这一点来看，大卫·格雷伯所指的，也许是那些人浮于事的管理部门工作。而这里，我的切入点与其不同，我认为，年轻人已被一些毫无意义的工作迷失掉了心性。

在IT企业里，领着丰厚薪水的年轻人每天把自己的全部热情倾注在怎样提高0.1%的点击量上。大型啤酒公司里年轻的技术人才，把研究时间全部花在了如何使用大麦、麦芽、啤酒花以外的其他材料，开发出与啤酒口味相近的产品上。

从这一意义上讲，即使被高薪装点，这些与利益直接相关、能使公司获利的工作，又是否真正值得赌上自己的人生呢？假设想要推动社会运转，必须要做的实际上都是些无聊的工作，而人工智能又恰好可以帮助我们处理这些工作。那么，这些工作岗位消失了，对于我们的人生来说又有什么问题呢？

◦ 你有那么热爱工作吗? ◦

所以，我们还要回到"你有那么热爱工作吗？"这一问题上来。

当我们询问那些拥有一定地位和财富的上流阶层商务人士"对你来说，所谓的工作是什么"时，往往会得到这样的回答："它是人生之中实现自我的舞台。"在我以前工作的顾问公司里，那些管理层的顾问就曾这样回答过。律师们都把自己的时间倾注在了忙碌的律师业务上，他们通过这项工作证明自己的价值才是个人存在的意义。

他们在那些复杂的商务谈判现场对合约一项项地过目确认，规避未来的风险，以免出现问题。在有可能引起大型商务诉讼之际，在诉诸法庭之前就将事态收拾好。或者，预先以法律观点提出正确的建议，避免问题产生。这样的工作才是律师工作的真谛。

他们认为，正因为自己的存在才产生价值，自己工作的意义便是个人人生的意义。我想，这应当也是那些薪酬丰厚的知识型工作者们内心的真正想法。

　　只不过，假如因人工智能导致知识型工作者的岗位本身减至一半，又将会怎样呢？假设在律师行业里，律师助理之类的业务内容消失，工作只剩下提出指导建议一类的高度专业的内容，那么，届时有一半的律师失业或全体律师人人工作时间减半，哪一个更好呢？

　　一半是年薪1500万日元、年工作2500小时的赢家律师，一半是失业、年薪为0的输家律师——在这样一种竞争白热化的社会中，小心翼翼地抱住赢家大腿，这样的未来真有那么美好吗？而反过来，假如市场只剩下一半，所有的律师都接受每天工作四小时、每人年薪750万日元，这样的未来不是更美好吗？

　　或许，像律师这种即使年薪减半也有750万日元的例子过于特殊。可是，假如人工智能将使整个社会的工作量减少一半，日本人究竟应选择失

> 工作时间全都减半，余下的一半时间自由行动——这样的未来才应是美好的未来。

业率50%的社会，还是选择通过分享岗位使劳动时间减半呢？迟早，我们都要面临这一选择。

　　工作时间全都减半，余下的一半时间自由行动——这样的未来才应是美好的未来。并且，从实现大多数人的最大幸福这一观

点来看，显然我们更应把目标设为：未来的劳动时间减半，但减少的收入部分要由某项基础收入来填补。

人生当中，白天有一半时间都在工作，但未来多出的那一半时间，我们就可以自由地行动了。求知欲强的人，下午可以花半天时间读书，还可以每天看不同的电影。每周仅有前三天需要认真劳动，剩下的四天可以休假、旅行。那样的话，我也会梦想着重拾自己童年的爱好——制作手办了。

◉ 比法国国王还要幸福的日本人 ◉

年薪减半，不足的部分由基础收入来补足——这样的未来对于日本人而言，果真称得上"悲惨"吗？

现代人如今生活在历史上从未有过的幸福环境中。尽管如此，为什么我们还会悲观地感到"不幸"与"悲惨"呢？

拿日本人民的生活与世界历史对比来看，应该说多数人过着比皇权时代的法国国王和奥地利皇帝还要豪华的生活。当然，若单从权利这一点看，自然无法匹敌，房子大小也不可同日而语。但从其他方面来看，现代人的每一天都要比18世纪的国王、贵族们更幸福。

每天晚上，我们只要打开电视开关就可以欣赏到娱乐节目。相比每晚要做复杂的准备，坐上马车驱车到歌剧院里才能欣赏到两小时歌剧的国王们，21世纪的日本人可以随心所欲地欣赏到无数娱乐节目。

饮食方面，也可以每天从便利店既干净又美味的菜单中选出自己喜爱的食物来享用；到萨莉亚[1]可以品尝到喜爱的意大利菜，还附带自助饮料；到居酒屋可以尽情畅饮各种美酒。

而且，生活环境也极其干净卫生，完全不同于当时满是垃圾的巴黎街头，也不会使人遭受疾病的困扰。即使不幸病倒，也可以依据21世纪的医学知识，接受良好的治疗。

冬天只需打开暖气就可取暖，夏天只需打开空调就能避暑；只需按下一个小小的按钮，就能淋浴或是泡澡。

虽说我们没有佣人，但只要按下手机按键，想买的东西都可以通过网络下单，快递会送到自家门口。这种远超法国贵族生活的平平常常的每一天，又哪里是什么"悲惨的未来"呢?

---

1 意大利连锁餐厅名称。——译者注

21世纪20年代的幸福是什么？

"可是，未来还是会不幸的。"

之所以现实生活当中这样回答的人占大多数，是因为幸福这一感觉终究是相对的。实际上，原本的中产家庭一旦因下岗难以维持生计，整个家庭便会骤然间感到不幸。

不论日常生活比18世纪的巴黎富人舒适多少，现实生活当中还是有因还不起房贷而被迫搬家的人、承受不起在外就餐费用的人、无力负担孩子念私立学校的人。这些新的现实一个接着一个，使大多数人感到不幸，也是理所当然。

因此，未来的幸福终究是个哲学概念，是一种主观的东西。假如任由人工智能扩大，从社会层面放任自流，肉眼看不见的"AI失业"现象便会逐步蔓延开来。劳动者的收入机会也会被机器夺走，并逐年减少。

假设在这样的社会里，财富都集中在少部分人手里，存在着一部分生活比自己富裕的人，其他大多数人便会相对地感到自己是不幸的。而对于这种现象，也没有更好的解决办法。未来人们对于生活究竟感到幸福还是不幸，归根结底还是要取决于个人的心理。

　　不过，在这样的未来，能够拯救我们的，将是年轻一代人身上形成的新型价值观。在现在二三十岁的一代人中，已经生出了不同于我们50多岁的人的价值观。为公司而工作，通过工作实现自我的目标——这样一种价值观，或者说这样一种奋发向上的想法，对于他们来讲应当已经落伍了。与此相反，更重视自由和朋友，珍惜每一天的生活，才是这些新一代的价值观。

　　时代不得不改变，由此也导致了社会与经济的前提条件改变。尽管这会让已身处职场的人们备受考验，但对于从步入社会起就以此为前提的年轻一代来说，他们可以自然地接受，并形成与之相符的价值观。所谓的一代人以及他们的人生，或许本质上就是如此吧。

第七章

十年后仍可幸存的"三种人才"
今后应怎样择业?

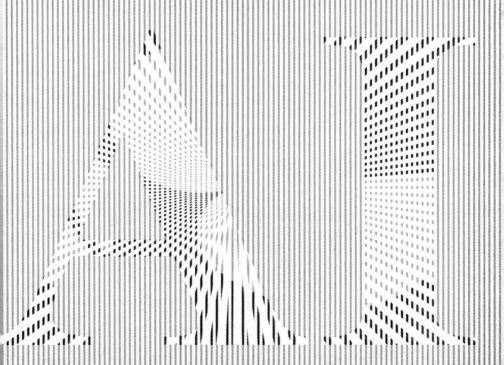

━━○━ "'AI 失业'并不可怕"这一观点的陷阱 ●━━━

　　本人所持的观点是，人工智能造成的工作岗位消失，其影响在今后必将成为一个极大的社会问题。人工智能通过获得深层学习能力，为人类敲响了警钟——今后在社会各个领域内，都将出现大量"不再需要人类劳动力的工作岗位"。

　　可是，外界当然也有很多人持反对意见。

　　归根结底，这场讨论针对的是未来可能出现的科技发展，而意见出现分歧也是无可厚非的。但因此而轻视这一问题的重要性，势必出现问题。因此，在最后一章开头，我想首先指出"所谓'AI失业'并不可怕"这一观点中存在的陷阱。

　　"人工智能并不可能拥有与人类同等的智能。因此，应相信

人类的优越性，努力提高我们的技能。"这样的意见常常被职业
规划师和社会学家们提起。在他们的意见中，最大的论据就是有
一项实际验证了"使用人工智能能否通过东京大学入学考试"的
研究结果。

拥有最尖端技术能力的人工智能学者亲自验证了这一项目的
成功与否。结果清楚地显示，若在现有技术的基础上继续发展，
人工智能绝不可能拥有考上东京大学的能力。

其实，这项研究结果我也曾有耳闻，也清楚这一结论的正确
性。我也认为，这位研究者的观点说出了非常正确的事实。

问题是，外界的人们似乎误解了这一研究结果。人们将结果
照单全收，认为人工智能未来永远都不可能获得与人类同等的
智能。这样就容易陷入思考未来的两大陷阱了。下面分别来解释
一下。

人工智能在学习能力上正不断取得令人瞩目的进步，而与此
同时，要想通过人工智能解决问题，还存在着几大难题。最具代
表性的难题就是框架问题，目前的人工智能尚不能自行设定"隐
含在问题当中的前提"。

人们经常提起的冷笑话里，有一则是这样的：给人工智能设

定的课题是"如何使发高烧的患者退烧"，而人工智能给出的答案则是"杀了他就可以"。所谓治疗，是为了使患者痊愈而进行的手段，这样一种隐含的前提如果不在程序上赋予人工智能，它是无法得知的。但实际生活中，人工智能需要理解的"隐含的前提"数不胜数，要把这些全部设为程序无异于天方夜谭。

若无法攻克这一难题，人工智能便无法理解人类所说的语言。因此，即使人工智能在高考统考中做对了填空题，也会在东京大学的单独考试中，在那些需要深厚理解能力的题目上输给人类。

——◎ 力争攻克那些现有技术无法解决的难题 ◎——

这一观点到此为止都是正确的。然而，其所包含的陷阱中，第一点便是它附加的一项条件——"若在现有的程序技术基础上继续发展"。

实际上，许多人工智能学者都认为，人工智能所需要解决的包括框架问题在内的几大难题，若在现有的计算机技术基础上继续发展，是无法解决的。也因此，人工智能学者们纷纷研究起性能更为优越的新型计算机技术。

其中一项著名的研究就是模拟人类大脑构造的神经元网络计算机。人类的大脑由1000亿个神经元和150万亿条神经线连接构成，通过其复杂的运转，人类的智能才得以发挥作用。只要模拟出与其同等的计算环境，或许就可以诞生出新型人工智能，能够与人类进行同等程度的思考。

而这方面的研究，超级计算机就不适合了。实际上，超级计算机"京"也曾经进行过模拟人脑的实验。当时，据说模拟一秒钟内人脑1%的活动就花了40分钟，也就是说，超级计算机要想实时完成与人脑同等构造的计算，能力还远远不够。

第一章中曾说过，超级计算机"京"是人类历史上首台获得与人脑同等计算能力的计算机。这样看来，前后似乎有些矛盾。但"京"与大脑的处理速度虽然相同，构成却不同。譬如，戴姆勒发明的早期汽车虽能与人类同等速度行驶，却不过是个像人类一样两条腿行走的装置。而与之同理，本田致力研发的两条腿行走的机器人与戴姆勒的发明也是完全不同的技术领域。

因此，IBM开始研发一种类似人脑的、全新设计思路的计算机芯片。这一项目被称为SyNAPSE。2014年，IBM发布其研究成果，是一种新型的计算机芯片，名为"神经元连接芯片"。

这是一种半导体芯片，附带了可编辑程序的100万个神经元与25600万个神经线连接。若按人脑来说，它可以代替右脑来完成对类型的认识。这种类型认识能力正是按以往技术开发出来的人工智能相对不擅长的领域。这种芯片目前已作为美军战斗机的视觉工具投入应用。

据说，把48个这样的芯片连在一起，恰好可以模拟老鼠的大脑。而目前神经元芯片的研究尚处在不成熟的阶段，最终目标当然是模拟人类的大脑。

欧盟则开始了更大规模的研究。他们着手开发了模拟实验装置，该装置拥有与人脑同等数量的神经元，同样也起步于老鼠和猫的阶段，最终希望达到人类的高度。其计划目标是到2023年形成可以模拟人脑的研究环境。

也就是说，首先我们应意识到，当前的人工智能研究有可能在不久的将来遇到阻碍，停滞不前。但今后五年内，也有可能出现突破这一壁垒的全新的神经元网络计算机。显然，那些在现有程序技术基础上继续发展仍无法解决的问题，在新的前提下有可能得到解决。今后五年，就有可能发生这样的变化。

◦ 哪怕广泛应用型人工智能无法问世 ◦

假若诞生了被称为"拥有与人类同等理解能力"的广泛应用型人工智能，白领的工作岗位将100%被人工智能所取代。但同时，这样的时代据说要等到2035年以后才会到来。只要神经元网络计算机不诞生，就不可能实际发生。

然而，另一个陷阱则是即使已得知不论怎样朝这一方向努力，最终人工智能仍无法超越人类，人类仍将有几成的工作岗位，但大部分工作岗位在不久的将来被人工智能取代以致消亡——这也是不容置疑的。

眼下职业规划师们更需要讨论的问题，并非是2035~2045年间人工智能能否超过人类，而应是从现在起的未来几年内，即最多到2023年左右，人类职场将会发生怎样的巨变？

即使人工智能不具有与人类同等的理解能力，也可以在人类各个岗位环节上取代人类的工作。前面也说过，眼下有个热门话题——RPA技术。它是现阶段的人工智能通过观察和学习人类的白领办公操作，转为人工智能来完成操作的一项技术。

譬如，大部分白领员工都需要在月末处理报账业务。要根据日程安排软件（scheduler）申报劳动时间、申请垫付交通费等。因部门、业务不同，也可能收到其他合作公司的账单，再把它转给财务。

但等到RPA正式投入使用后，这些业务操作就不再需要员工来完成了。到了月末，只要有日程安排软件、智能手机GPS数据和电子现金支付记录，人工智能就可以瞬间完成月末的报账业务了。对于白领来说，处理报账这一项烦琐的业务将不复存在。

可是，这不仅意味着白领员工的工作轻松起来，同时也意味着公司中有些人的工作岗位将不再被需要。实际上，第三章中也曾经讲过，大型银行已经因RPA的引入导致几千到两万员工被裁。

到2022年，L5等级的全自动驾驶汽车一旦投入使用，司机们的工作将会受到威胁；亚马逊在西雅图开设的实验店Amazon Go等店铺一旦普及开来，超市也好，便利店也好，包括优衣库在内的时装快消店等大范围的行业都将取消收银业务。

假设按照"人工智能并不可怕"的观点，人工智能并不会发展到这一程度，未来又将怎样呢？即使那样，也将有几十分之一的工作岗位消失。

从宏观经济来看，那无疑是个十分可怕的未来。失业率只要增加5%，就会造成严重的经济萧条。而这比起未来所有的工作岗位消失、人类集体转移到新的舞台，要糟糕得多。未来如果岗位只减少几成，需要工作的人们将不得不争夺

> 未来如果岗位只减少几成，需要工作的人们将不得不争夺仅存下来的岗位。求职者的数量要远远多于招人的岗位，大量过剩的劳动者都将无钱可赚。

仅存下来的岗位。求职者的数量要远远多于招人的岗位，大量过剩的劳动者都将无钱可赚。

也就是说，第二个陷阱正是：即使人工智能未来永远不可能获得与人类同等的能力，但只要假设现有的计算机技术继续发展下去，毫无疑问，"AI失业"也必将带来严重的经济萧条。

人工智能带来新的社会阶层出现

因此，希望各位不要相信"'AI失业'并不可怕"这一观点的乐观猜测。非但如此，我还希望各位做好准备，面对业已开始的"人工智能带来的劳动回报骤减"。

人工智能的发展历史与日本社会阶层的改变有着较大的关联。

2003年，经济评论家森永卓郎写了一部《年薪300万日元时代的生存经济学》。2005年，市场营销顾问三浦展的著作《下流社会》风靡一时，对于此前日本人称一亿中产的阶层构造逐渐瓦解的现象，这项社会学研究堪称先驱。

当时，森永卓郎著作的副标题为"建立起富足的生活方式"。这本著作在此前日本的中年工薪族通常认为自己年薪终将达到600万日元的基础上敲响了警钟，提醒人们为未来年薪可能仅有300万日元的局面做好准备。

现在，这一情形进一步加剧，我们已经步入被定义为新阶层社会的时代。在2003年，当时年薪300万日元尚被视作底层人群的象征。如今，以非正式劳动者为主的新底层人群年薪仅有180万日元左右。而年薪300万日元的正式劳动者，应该说已成为那些底层人群希望达到的目标了。

看到此处，你应当已经明白社会为何发生了如此的巨变。人工智能迄今为止所取得的发展与劳动人口非正式化扩大的趋势，二者之间清楚地存在着因果关系。

进而，未来五年间，只要人工智能按照现有的计算机技术继续发展下去，这一倾向也将在更大规模上蔓延开来。

至少在汽车相关产业与金融相关产业，与此有关的劳动者都会受到较大的影响。这也是在不久的将来，日程表中必将明确出现的内容。办公人员已受到人工智能的影响，必须面临薪酬降低，且今后五年内会受到更加严重的打击。

那么，未来五年能够生存下去的工作又是什么？年轻一代又应怎样选择自己的工作岗位？各位读者，如果你现在是二三十岁的话，我的建议就是给你自己；如果你在40岁以上，我的建议就是给你的下一代，希望你考虑一下今后究竟应当如何择业。

在本章最后，我还想向已没有机会改变工作的40岁以上的读者提出另一项建议：现在应该做些什么准备。

——○ 未来十年间能够生存下去的岗位有哪些？ ○——

在十年后的未来社会里，仍能生存下去的工作有三种。首先来介绍第一种。

即将大学毕业的年轻人们，应该找什么样的工作？有部新美国电影时代的名片叫《毕业生》，这部电影拍摄于1967年。在这部影片中，一位成功的商务人士向达斯汀·霍夫曼饰演的男主角——一名大学毕业生提出了"塑料行业更有潜力"的建议。

20世纪六七十年代，化工业取得了较大发展。置身于不断发展的行业当中，事业就不易出现问题。这也正是那位前辈之所以建议"塑料"所代表的含义。

现在用同样的观点来看，对于即将大学毕业的年轻人而言，最有潜力的工作岗位是什么呢？那就是"人工智能"。在这里，我希望你认真听下去。你也许未必是人工智能方面的明日之星，或许你也可能是一名文科生。而这样的你在毕业之后，要找的工作更应是人工智能方面的。

2000年左右，人人都说互联网行业最有潜力。因此，你可以回想一下，那些通过互联网商务取得成就的IT企业成功人士们，全都是IT工程师吗？无疑，其中的确有一部分是，但也有相当一部分并非如此的人获得了成功。

乐天的创始人三木谷浩史原为一名银行职员；Start Today（ZOZOTOWN的运营公司）的前泽友作原为音乐界人士，靠经营进口CD起家；DeNA的创始人南场智子则在大学毕业后，以麦肯锡商务数据分析员的身份开启了个人职业生涯。

在美国本土的互联网领域里，似乎只有马克·扎克伯格、史蒂夫·乔布斯、比尔·盖茨这些对IT有着深刻了解的领军人物，但他们作为IT技术人员发挥出作用仅仅是在创业之初。在真正的成功过程中，他们既没有编写脸书和Windows的程序，更没有设计iPhone。在日本，更多的领域则是通过归类为文科工作的经营、交流与战略能力来达成业务的增长。

> 这样的工作从岗位分类来讲，叫作业务开发。也就是说，未来十年内最吸引人的工作岗位，应当是将人工智能应用于商务的业务开发岗位。

重要的是，通过互联网取得成功的人士各自拥有"互联网技术即将改变未来"的长远眼光，他们比任何人都擅长将互联网技术应用于商务。

这样的工作从岗位分类来讲，叫作业务开发。也就是说，未来十年内最吸引人的工作岗位，应当是将人工智能应用于商务的业务开发岗位。

———◎把人工智能应用于商务是什么意思？●———

所谓业务开发是指什么样的工作？其实在第三章已经介绍过这一岗位的概要。当中提到，在现代的工作岗位上，设计出新的业务成功模式，并使之横向发展，才是正式员工的工作内容，开展这样的工作就是业务开发。

　　而能以人工智能为"武器"完成这些工作的人才，还严重匮乏。正如成功的IT企业经营者并非那些程序员一样，在今后不久的将来，在这样的岗位上取得成功的商务人士，将有一大半都不是开发人工智能的专业人员，而是那些比别人更早尝试工程师们开发出的人工智能产品、了解其构造、懂得其应用领域和功能极限，并能将之应用于商务的人才，他们才是今后十年内最急需的人才。

　　譬如，假设你在电视台工作，试试比别人更早使用人工智能，通过社交网络平台实时把握节目的反响，从而在直播过程中更迅速地将节目内容调整为观众所需的内容，不妨将这样一种全新的工作方式引入岗位一线，你觉得如何呢?

　　假如你在零售连锁店里工作，不妨试试比其他人更早使用人工智能建立起机制，减少因库存不均产生的概率损失，并将之推广到全国的门店，你觉得如何呢?

　　假如你在互联网服务公司工作，不妨试试通过人工智能建立机制，有效地接触潜在客户，以较低的单价获取数以十万计的新客户，你觉得如何呢？

能实际应用于这些工作的人工智能服务，通过亚马逊、谷歌、微软的云系统就可以实现。但能做到这些的人才，目前在任何一家公司都极少见。

即使在目前的公司年薪仅有300万日元，但只要成为拥有这类成功经验的人才，跳槽之后年薪也必将达到1000万日元。这将是一种在严峻的未来和新的阶层社会里完全不必担心个人职业的、可以生存下去的能力。

那么，究竟怎样才能成为这样一种与人工智能发生关联的人才呢？那就是从年轻时起，就要对人工智能产品抱有兴趣，并常年喜爱使用。这与互联网商务出现之初是一样的。那些将互联网应用于商务业务开发并取得成功的人士，多数在私生活中也是互联网达人。

在2000年左右，那些人白天作为文科商务人士工作，业余爱好则是订购各类互联网杂志，喜欢将杂志附录里刊载的各类秘诀攻略引入自己的电脑，并做出各种尝试。这类人在实际工作中，也比其他人更早地意识到将互联网技术应用于商务的可能性。他们对于博客、社交网络平台、网络游戏等新型理念接受得也更快。

　　与此同理，现在的时代还处于人工智能的黎明时期，现阶段可以先从培养这样一种习惯开始：关注不断涌现的人工智能的相关报道，勇于尝试亚马逊Echo之类的新型人工智能产品，对新型人工智能充满积极的兴趣——只要保持这样的做法，至少可以把你的目标定为：在将人工智能应用于业务开发的领域里，你比公司内部其他人才更具竞争力。

——○目标要转向人工智能未来十年"无法做到的"工作●——

　　说起今后十年仍能生存的工作岗位，除了业务开发以外，还有第二种较有可能性的切入点。那就是要在那些广泛应用型人工智能不问世就无法被取代的工作上，使自己更为强大。也就是说，在那些目前只有人类才能拥有的能力上做到比其他人更强大。

　　而今后十年内，人工智能无论如何也无法与人类匹敌的，只有沟通能力。

　　获取他人的共鸣、打动他人的心灵、与他人心心相通、领导他人，这样一些对人的心灵发挥作用的工作，今后十年不会被人工智能夺走。而这里也没有什么更好的解决方案，诸如应该寻找什么样的工作和岗位。所谓的解决方案只能是，作为一名身处职场的人，应设法打造出强大的沟通能力。

> 所谓的解决方案只能是，作为一名身处职场的人，应设法打造出强大的沟通能力。

使自己的沟通能力强大，换言之，就是要趁年轻在职场中获得"这名下属理解得很快""这名下属行动力极强"之类的好评。你可以力争在职业生涯中，从"一名有号召力的青年员工"升级到"一名有领导能力的上级"，再升级到"可组织和统帅多人，是位难得的部门领导"，这样分阶段提升自己的能力。

而拥有这种强大能力的人才，正是现在企业里最急需的人才。换句话说，严重缺乏的也正是这一类管理层人才。

在昭和时代的大型企业里，职场清一色都由终身聘用的正式员工构成。即使部长没有任何领导能力，也能通过论资排辈的方式领导整个组织。所有人都没有办法离开现有岗位，眼下只能甘心在比自己年长的上级手下各自为政，跟随毫无能力的领导开展工作。

而如今的职场，却是正式员工与非正式劳动者的混杂部队，正式员工也未必对公司多么忠诚。在这样的职场里领导30人以上

的员工，不论从合同形式还是工作热情上，如果不能掌握每个员工的具体情况，不懂得调动积极性的杠杆，不能因人而异，不具有领导员工的高度沟通能力，就无法让手下的人听从指挥。也就是说，无法发挥出部门领导的作用。

> 我希望各位在求职之际，把着眼点放在那些"沟通能力更强的人有机会爬上去的大组织"上。要瞄准那些并非依靠个人能力，而是依靠组织力量提高业绩的企业。

所幸，如今的年轻一代通过社交网络平台形成了远超老一辈的日常沟通能力。年轻人的潜在沟通技能，要比我们这些昭和时代的老人强得多。因此，不断地提高沟通能力，才能使自己成为职场中不可或缺的人才。或许，这才是在现有的强大基础上继续发展所能获得的未来。

我希望各位在求职之际，把着眼点放在那些"沟通能力更强的人有机会爬上去的大组织"上。要瞄准那些并非依靠个人能力，而是依靠组织力量提高业绩的企业。

在那样一种组织里，要从年轻起就发挥出比别人更强的沟通能力，一步步提高自己的职业技能。只要坚持这种做法，哪怕最开始就职的公司有破产的风险，日后跳槽到其他公司，也必将走上成功的商务人士之路。

━━━◦ 第三种选项：机械电子化（即脑体并用）人才 ◦━━━

不过，业务开发这种高度的技能是本人的弱项；自己的沟通能力似乎也不尽如人意，更应该说接近沟通障碍。如果你是这样的人才，又该怎样择业呢？

很抱歉，这类人若想轻松获取600万日元以上的年薪，恐怕是无解的。但若打算在严峻的未来，在新的阶层社会中所处阶层相对高过最底层，还剩下第三种选项：从事那些不易受到人工智能影响的工作岗位。

据预测，今后的专业型人工智能将取得飞速的发展，将会大量夺去所谓白领的专业工作。在不久的将来，"以知识量取胜""以专业性取胜"这些以往的知识型工作者获取高薪之路将被阻断。

> 在这样一种未来社会里，仍有较不易受到人工智能影响的工作岗位，那就是脑体并用的岗位。

在这样一种未来社会里，仍有较不易受到人工智能影响的工作岗位，那就是脑体并用的岗位。这也是能在未来生存下去的第

三种工作选项。

　　实际上，据说今后在人工智能飞速发展的同时，机器人并不能以同样的速度融入人类社会。尽管两条腿行走的机器人已出现，制造业、物流业一线也已通过各种形式引入机器人，但今后机器人的发展仍存在着几个瓶颈。

　　最大的瓶颈，便是目前暂时还不能模拟人类的手指。人的手指是一种极其发达的器官，尽管看似粗大而随意，却能进行极其细致的操作。我们不单可以活动手指，指尖还是一种优越的感觉器官。热了也好，重了也好，薄了也好，软了也好，易碎也好，手指可以瞬间感知自己摸到的东西具有怎样的物理特性，并根据物体做出反应。能与如此优越的手指达到同等程度的机器手，今后20年内恐怕还无法诞生。即使诞生，想必也不可能以与真人同样低廉的价格引入职场。

　　既然如此，一线那些必须使用手指操作的业务也就无法置换成机器。装有人工智能的机器人也无法像便利店里的员工一样，从后院把装着薯片的箱子搬到店铺里，再摆到货架上。尽管人工智能可以自动驾驶汽车，却无法代替快递员搬运快递货物，并将之送到客户门口。

现在，在IT与人工智能技术方面，日本已被美国远远超过。可是，日本仍拥有超过美国的领域，那就是机械电子化。在机器人与工业机器这类电脑与机器相结合的领域里，日本仍处于世界最领先的地位。与此同理，那些脑体兼用的"机械电子化人才"可以发挥作用的工作岗位，暂时还不会被人工智能所取代。

只不过，这种思路中有一点需要注意的地方：脑体并用到目前为止多数是指蓝领或野外作业，大多数薪酬水准都不高。也有人认为，尽管如此也比失业强。但我认为，可以选择的话，还是应选择薪资水准足以维持生计的工作。

其实，工作这个东西有这样一种倾向：薪酬水准并非依据社会意义和重要性，而单纯因各个行业迥异。也因此，在选择体力劳动与野外作业时，将因入口不同而产生较大的差异。

这里只介绍其中最主要的部分。所谓一线的体力劳动工作，招聘信息多数都登在职业介绍所里。只要仔细观察就会发现，各个行业招聘的工资水准差距相当大。在此，倒不是打算抱怨某个职业，只想给出薪酬的实例。因此，请允许我举例说明一下那些实际的岗位名称。

在脑体并用的工作中，有许多实际薪酬较低的岗位。例如，在食堂和盒饭工厂里烹饪大锅饭的工作、养老护理方面的工作、环卫工作、仓库保管工作，这些工作既具有社会意义，劳动强度也极大，但招聘信息中给出的实际薪酬水准并不高。

而与之相对的则是电工、测量人员、园艺工、管道工等岗位，虽被视为蓝领工作，目前年薪却能达到400万日元以上。并且在十年后的未来，或许还将超过正式白领员工的薪酬水准。其理由是，这类工作目前的工资水准虽在一线体力劳动中相对较高，但即使人工智能进一步发展也难以取代，并难以使之消亡。

对自己的健康有自信的人，更适合从事一些强度较大的体力劳动。建筑工人的薪资水准将会得到提高，并且其薪资水准总的来看将超过正式的白领员工，诸如钢筋工、模具工、建筑粉刷工这类以经验、知识为主的工作以及施工管理类工作，都恰好吻合了脑体并用的条件。

> 对自己的健康有自信的人，更适合从事一些强度较大的体力劳动。

说到建筑需求，还存在着一种不稳定的因素：由于少子化的推进，在不久的将来其需求量有可能骤减。但同时，首都圈内的独居家庭也正在增加。到2035年左右，家庭总数并不会减少。因此，届时将涌现大规模维修等需求。

从这一角度综合来看，至少今后10年、20年里，建筑类工作应当说还是稳如泰山的岗位。

> 从现在起就寻找一些脑体并用的工作，做好准备，面对即将来临的岗位消失时代——对于年轻一代而言，保持这样的思路更为重要。

而那些坐在开着空调的舒适写字间里、一整天对着电脑屏幕完成业务的工作岗位，将在今后十年内大幅消失。那些走到户外去，脑体并用的岗位才能保留下来。

若是等到那样的时代来临之后，再跳槽从事一线体力工作，到时候恐怕身体上难以承受，精神上也将压力倍增。因此，从现在起就寻找一些脑体并用的工作，做好准备，面对即将来临的岗位消失时代——对于年轻一代而言，保持这样的思路更为重要。

40 岁以上的人目前需要做些什么？

最后，我们来探讨一下40岁以上的人应该做些什么。对于这一代人来说，即使给出"换个工作"的建议，恐怕对方的回答也会是"怎么可能"，但我们可以改变自己对未来趋势的看法，并从中发现不同的东西。

事实上，今后十年内，在我们身上将发生人力资本价值降低的现象。

在资本主义经济的框架下，所谓资本，分为人、物和钱。能赚钱的是人的劳动力，工厂里的机器与不动产一类为物，此外还有钱，这就是金融资本的三个构成部分。若将物看作用钱能买得到的，则构成资本主义经济动力的资本，也可以归纳为人力资本与金融资本两个部分。

其中，人力资本的价值在今后十年间将发生骤减。这意味着未来贫富差距必将进一步拉大，劳动者从劳动中获取的报酬将会越来越少。这一现象在经济学上称为"人力资本价值降低"。那样一来，相对能赚钱的就只有金融资本了。人力资本的价值降低也意味着在接下来的社会里，金钱将更加集中在一部分有钱人的手里。

> 未来贫富差距必将进一步拉大，劳动者从劳动中获取的报酬将会越来越少。

企业之所以切实地通过减员推进省力化，就是为了通过此举提高生产力，增加利润。因此，人力资本的价值降低幅度越大，企业的利润增加得越多。这样一来，最赚钱的就是股东了，即金融资本的持有者。

也就是说，对于40岁以上、今后难以靠跳槽或继续提高专业技能来提高人力资本价值的人来说，趁着薪酬较高期间积累起金融资本才更为重要。

那些20世纪80年代到90年代前半期幸运地获得了正式员工职位、如今年薪仍达600万日元以上的人，干脆设想自己未来十年年薪会下降至400万日元，那样每年只要存上200万日元，十年后就可以确保有2000万日元的金融资本了。

也就是说，对于40岁以上、今后难以靠跳槽或继续提高专业技能来提高人力资本价值的人来说，趁着薪酬较高期间积累起金融资本才更为重要。

有了这2000万日元作为金融资本，就可以拿来钱生钱。譬如，可以在大城市群的车站附近凭这笔金融资本购入一室一厅的公寓，再把它租出去，每个月就可获得12万日元左右的房租收入。这也意味着在人力资本下降的世界中帮助自己保障金融资本。

也就是说，40岁以上的人眼下应着手的事情是战略性的节约。这种节约并非是单纯降低目前生活水准的节约，而是为了实现十年后能够保障自己在现有基础上增加2000万日元金融资本的目标，从而有计划地实施节约，最终达成这一目标。

对于金融资本，我们还应留意到一点：仅拥有人力资本的人，到2030年以后成为富人的机会将微乎其微。

金融业界里的首席交易代理、医生、律师、会计师这类知识型工作者的岗位，今后将大幅被人工智能取代。世界一旦迅速实现平等化和优化，赚钱的工作空间便会急剧消失。

所谓赚钱的工作，多数源于社会的分配不均。只有其他人尚未发现机遇的时候，才是赚钱的大好时机，等到所有人蜂拥而至，赚钱的机会也就到此为止了。在未来社会，人工智能将发现并捣毁这样的不均。因此，从市场夹缝中寻找到好工作并从中获利的机会将骤减。

曾因工作机会让无数人心生向往的美国梦，也将在2030年宣告终结。

假如你将来一定要当一名有钱人，就要趁现在保障自己的金融资本。你应该这样想：今后十年是保障金融资本最后的机会了。

现在，总结一下本书的结论。人工智能所引起的工作结构变革催生出了大量非正式的劳动者，然而，在不久的将来，这些工作岗位将会反过来被消灭。

对于年轻一代而言，要想在新的时代里生存下来，今后怎样择业将会变得举足轻重。将人工智能应用于商务的业务开发工作，在人工智能暂不具有的沟通能力、领导能力上使自己更强大的工作，脑体并用的野外作业，这些才是当下的年轻人们应该选择的工作岗位。

而现在已经超过40岁的人，今后十年应将目标定为"积累金融资本"。通过人力资本提升成功概率的空间已经不大了，但如果眼下你还能赚钱，可以积累金融资本，那么，就应下定决心着手实施。而现在是否立刻着手实施，也将成为你未来人生的岔路口。这就是本书最后的结论。

"长期来看，我们都会死掉。"这句话是伟大的经济学家约翰·梅纳德·凯恩斯的名言。

在波涛汹涌的大海上，通知漂浮在海面上的帆船船长"三天后风暴就会停止"，这种举动并无意义。问题是发生在眼下的。

与此同理，20年、30年后的预测未尝不重要，但经济学主要应解决从现在开始到不久的将来发生的问题，否则就没有意义了。对大恐慌时期开出治疗药方的凯恩斯想讲述的，正是这样一个道理。

去年夏天，本人通过讲谈社出版了《工作消失：要想在AI时代生存下去，现在我们能做些什么？》一书。据说在2045年即将来临的奇点之日，人工智能终将达到全世界人类头脑聚集在一起都无法匹敌的高度。以那一天为转折点，人类社会也将无法回头，正式步入全新的阶段。而为此提出长期的课题，正是本书的目的。

这本书引起了较大的反响。从人工智能的进化来讲，以2012年开始深层学习为转折点，已大大颠覆了之前的前提条件。也因此，该书在较早阶段敲响了警钟，提醒人们今后30年内将会发生的巨变，并且收到了诸多读者的感谢。

但也有不少人对该书提出了意见：我们看懂了长期来讲，我们的工作都将消亡；但是，今后十年间，我们又应怎样生存？这一点还毫无头绪。

的确如此。如今，摆在我们面前最大的经营难题是人手短缺、无论如何招不到人。在快递一线、零售一线以及餐饮一线，人手匮乏已成为经营者们面临的最大瓶颈。

"别再说什么岗位消失的鬼话了。现在愁的是有工作没人手。"无疑，这才是诸多不得不在现实的风浪中逆风前行的经营者们心里的真实想法。

可是，这一局面今后将会变得更加混乱。在人手短缺的同时，岗位消失正在慢慢开始。

那些以往计算机实现不了的领域里，人工智能可以取而代之的时代已经到来。只要预见一下今后五年就可知，自动驾驶汽车即将出现，金融科技的发展即将带来金融行业的巨变，RPA即将带来办公操作无人化，等等，工作岗位的消失规模将是数百万计的。

问题是，这些变革仍处于不成熟的发明阶段。我们被刀具割伤时，如果刀具锋利，伤口会好得更快，而被钝刀割伤时，伤口迟迟不能痊愈。与之同理，宛如钝刀一般的变革在今后五年的未来里，也将蔓延到社会各个角落。

回看本书便可得知，即使是这种钝刀一般的变革，也就是说，这种迄今为止尚不成熟、只能在某种程度范围内协助人类工作的IT发明，依然给劳动市场带来了极大的影响。

通货紧缩、非正式劳动者增加、改革工作方式所带来的社会问题，这些现代社会的病灶与尚不成熟的人工智能发展，两个极端同时存在，并日益形成社会问题。

贫富差距继续拉大、新型底层人群不断扩张——身处这样一种现代社会的洪流之中，我们应怎样应对才能生存下来？这才是大众期待的研究，也是经济学研究者们务必阐明的课题。

而这本书正是从这一观点出发，将现代社会里发生的种种现象与人工智能的发展相关联，逐一对其进行阐明，并尽可能具体地着眼于人工智能当下的问题，从社会学、经济学的观点将问题解释清楚。

正因这一研究属于尖端领域，能否准确预测未来的前景，以及本人的预测能在多大程度上满足读者的期待，尚有待数年之后的评判。但问题正在当下发生，假如本书能对各位读者当下的判断发挥一定作用，笔者将感到无上荣幸。

本书在执笔之际，对这一问题极为关注的大众也展开了各种形式的讨论。本人受邀参与了各类研究会、演讲会，以及人工智能方面的报道节目，在此无暇一一列举各位热心人士的姓名。正是从这些一线讨论中，诞生出了本书的主干内容。

讲谈社图书编辑唐泽晓久先生与现代经济的平原悟先生在本人发表上一部作品之后，显示出极大的关注。同时，针对人工智能的未来，从多个切入点与本人进行了深入的探讨。在此，再次表示感谢。

PHP研究所《THE 21》的总编吉村健太郎先生、第二制作部总编中村康教先生不惜耗费大量时间，同本人一起展开与本书相关的论题讨论。最终本书得以完成，也要归功于二位对论题的高度关心与热情。在此，一并表示诚挚的谢意。

　　各位看完本书的读者，应当已懂得了人工智能即将带来的劳动环境巨变。时不我待，这些也是眼下正在发生的社会问题。在这一变化趋势中，我们应怎样生存下去？怎样构建起幸福的未来？还将有更大的课题等待着我们。